讓生命潛能 帶你探索心靈世界的真、善、美
Life Potential Publishing Co., Ltd

Aura Imaging Photography
& Magical Auras

人體氣場
彩光學

10
20
30
40
50
60
70
80
90
100

ORANGE-RED artistic, physical-creative expression, excitement

喬漢納‧費斯林傑與貝緹娜‧費斯林傑
Johannes Fisslinger & Bettina Bernoth-Fisslinger◆著
遠音編譯群◆譯

致謝——

　　在此，我願向所有幫助我出版這本書的人，表達
摯愛及感謝！

　　特別感謝我的德國出版商馬汀（Martina），以及
世界各地的氣場攝影者。

　　特別感激Balaji Tambe博士、Fred Bell博士，以
及所有在我成長過程中，支持並鼓舞我的老師們。

推薦序——
邁向身心靈整合新世紀

林維洋

　　看著隨心念起伏而變幻的繽紛彩光，是多麼地令人驚豔與興奮！過去千百年來，看見氣場、看見氣輪一直都僅限於具有靈視能力者，而使追尋心靈國度的陳述恆時蒙上神祕的面紗。然而，在邁向寶瓶星空之際，渴望深度探索身心靈的人們，得有機會藉由科技與智識的結合，擁有新的視野與希望！這項新技術，讓任何人都能藉由分析自己豐富的身體反饋訊息而掌握身心之鍊，進而探求心與靈的國度。

　　奧妙的氣場彩光與內在氣輪，可說是你我古老的美麗靈魂在此人間的顯化，其間蘊藏著亙古刻痕的印記，訴說著為人所知或不知的故事，就像你曾偶遇的面孔，卻能對其生起舊識相逢的莫名感受。因而，當我們愈了解自我氣場與氣輪間的關連與運作時，愈能幫助自己認知生命的真實方向，並綻放出自性中光與愛的原動力。

　　在藉由儀器看見氣場氣輪及身心世界時，新科技的設計讓它從「有趣」開始。有趣能誘發注意，當人們看見自己的能量場並為生動畫面所吸引時，將促使人意圖更深入了解，繼而因了解而帶來的一切改變，亦將展開。整個身心探索及療癒的歷程，能讓人從初始的了解到接受，再從接受到尊重，進而學著謙卑的面對生命，學著快樂的掌握能量！

　　氣場控制的「彩光引導七項修練」，提供了一套完整且

為全世界無數修練者所肯定的心靈成長實踐計畫，氣場氣輪的拍攝及了解只是開端，所有面對自我氣場後，想深層改變、深度成長的人，絕對都能藉由這項練習獲得如彩光大師般驚人的昇華力量！

對所有靈性道上直接從感覺躍向靈覺之境的探尋者，我們則相信透過氣場氣輪的體驗認知與掌握，將能提供靈修探索過程中「知覺面」的重要基礎。基於醫學、心理學、科技及能量醫學的豐富氣場、氣輪智識，能協助並引領各層次的人更深入了解當前所擁有的潛能，掌握了不同彩光頻率的特質及氣輪整合狀況，將讓人在前行的道途上擁有更多的省覺。因為我們相信，唯有建立在豐富知覺及自覺基礎上的靈修，才是真正邁向最高智覺的捷徑！

彩光之前，人人平等，彩光無所謂好壞，唯一透露的是你真實的內性！希望本書能在智識的基礎上，為每一個人開啟靈魂之鑰！

林維洋

‧人體氣體攝錄儀首席氣場分析師

前　　言

　　創新，通常需要藝術、科學與新領域研究形成關連，這些元素必須緊密結合，因為唯有如此，才能帶來更新的科技發展。雖然經整合再創新的科技，均源自於原有科學領域，但讓人看來卻又認為這些創新科技，似乎是那麼自然且顯而易見。站在新科技領域的頂點，一般說來是相當刺激的，有點像是在黎明前的微曦中衝浪，雖然衝浪是傳統的冒險模式，但卻是利用過去所創造而再發展的新技術，讓人更向前推進。

　　探究人體能量場的「生物反饋攝影技術」，就是其中一項推出不久的整合科技，將某些既有科技技術，用以往未曾想過的組合方式，再融合而成新科技魔法，這就是創新。

　　本書中經由以物理學的數學精確度所轉換出來的圖解，描述通常未被看見現象的能力，可被比喻成：除了少數的專家之外，幾乎被所有人都忽略的既存於屋子裡的電源開關。在黑暗中，開啟電源後的光明，創造了機會，加速了探險的過程，同時讓非專家得以進入、欣賞和利用這些展望。

　　這些科技有一些比較具有延伸性的先驅技術，像X光學、無線電學，也有些不那麼具有延伸性的核磁共振和超音波顯像技術。沒了這些技術，在研發初始時期所能想像的，其彼此間相互交涉的範圍和影響程度，可能只會是個概念上

的臆想罷了。無論如何，氣場攝影作為一種新工具，我們對這些可能的臆想所衍生出的可能性，只能說在未開發出前，暫時被忽略了。

歡迎來到科技的新境界，本書可以說是給好奇的新鮮人入門的基石，同時也是給想要在目前現有成就上，增添和補充新工具和新方法的專家們，一些新的想法！

約翰・史都特（John Start）博士

第一部

從科學層面了解氣場

第 *1* 章

氣場分析新科技

　　我和兩位朋友走進高電壓偵查實驗室，臭氧的味道徘徊在空氣中，實驗室裡到處是電子裝備的架子。在數以千計火花爆出往一座三呎外遠以金屬覆蓋的塑膠盤上匯聚劈啪作響時，一個巨大的六呎高磁通量密度線圈正發著光。書架上的書，都是一些像「高壓光環」或「工程學手冊」這種標題的書。有些桌子上放著電路板、各式各樣有色的電線，和看起來奇怪的零件，技術人員忙著將一些零件焊接在一起。

　　角落一隅，我們看到一位女子的額頭上，貼著像是兩個圓繃帶的生物反饋探針，探針用電線連結上電腦。電腦螢幕是彩色而鮮活的，而且在她玩著簡單的電腦小遊戲時，那色彩會不由自主地改變。

　　在大夥兒面前，是一張放在電影銀幕前普通的椅子，房裡的另一角落有台投影機正對著銀幕。一位穿著白色實驗袍的技術人員，問我想不想看看自己的氣場，並推我到椅子前。我坐了下來，將手放在兩個感應探針上，這看來像是一部科幻電影的場景，兩個擦亮並有許多小小金屬片的座子，大小剛好合我的手。我看著屋裡另一邊一面普通的鏡子，看到了自己的倒影被美麗的亮黃色光環包圍著。電腦的喇叭響起了一種金屬感的

聲音，說：「黃色！代表你非常聰明。」然後就安靜了下來。
活躍的色彩彷彿在我的頭部跳著舞。

親身體驗氣場彩光的變化

　　有人提起了一個名字，那個人是我在情感上有所牽掛的
人。當這名字僅僅被提及時，色彩瞬間似乎炸散開來，而且變
得混亂。我的朋友們站在前方，一人一邊，然後彼此開始交
談。當我和其中一位朋友講話時，彩光變成了綠色，當另一位
朋友開始大笑時，彩光又變成了黃色。我覺得自己的情緒好像
正以科技色彩顯示在電影銀幕上，儘管彩光的改變，比實際情
緒反應稍微慢些。當我在跟其中一位朋友講話，而另一個朋友
開始在笑，彩光也會更快變成黃色。我覺得很愉快，而且和朋
友們在一起時很開心。人際關係的另一個新階段，出現在這個
令人興奮的實驗室中：我看到環繞著自己的彩光，是反映我正
在講話對象的氣場顯像，交流的兩人有著相同的氣場色彩，我
正在變成與自己正在講話對象的氣場色彩。

　　我開始想像並保持眼睛睜開著，我可以看到彩光隨著心中
每個念頭的改變而產生變化。如果我想像身處於一個美麗的花
園裡，彩光會變成淺藍色和綠色。當心中想著陽光的溫暖時，
彩光則閃亮變成黃色。

　　我的朋友問我是否想要體驗深層的冥想，他還說如果我真
的放鬆，在銀幕上的彩光就會變成深邃的靛藍光。在這時，彩
光呈現海水藍。我試著更加放鬆，然後很快地，我感覺自己漂

浮在思緒停止的狀態，而內在紛擾也消褪了。我感到一種單純、如夢似幻的感覺，心裡覺得非常放鬆。當我站了起來，像有光灑在我的腳上般，感到無憂無慮、非常平靜，覺得好像沐浴在藍色的光中。我離開了身後的銀幕，感覺到藍色的光依舊包圍著我。

然後，技術人員輕聲地對我們解釋這一切是怎麼回事。他走到銀幕後，將銀幕升起，出現了一個巨大的電路板，上面有數百個直徑約1／2吋的小圓探針。他解釋每一個探針在銀幕上所代表的相對區域。他將手放在其中一個塑膠座上，解釋著每一個金屬片所代表的單獨的點，如何對應至身體不同的部位。這些訊息是用來形成影像的部分，而且為了讓它移動，還增加了無線電波。無線電波的能量，由相同用來分辨對應點的金屬感應片傳遞到手上。他說：「無線電波的頻率通過我的身體，就像行動電話一樣，讓我的身體變成了傳導天線，具能量的波從我的身體向四面八方發射出去。部分無線電波就會被設置的影像接收天線接收到。」

然後這位技術人員在銀幕前面揮動著他的手。我們可以在銀幕上看到他的手的輪廓。他解釋我們正看到的，就像是X光技術般的氣場顯影。他要兩個人坐在感應板前，然後解釋，如果兩個人對彼此有好感，在最接近所欣賞的人的身體端，電阻會變得較低，這會影響能量的流動。我們可以清楚的看到錄影區，加入了這兩人的一束彩光。他繼續說，如果這兩人不喜歡彼此，那區域就會形成互斥，而「喜歡」則會吸引「喜歡」。

如果一人比對方強勢，你會看到較強勢的能量往較弱的那一方延伸，甚至有時會完全包圍住弱勢的一方。

　　未來的氣場顯像系統將會具有聽說能力，且人們可以跟氣場顯像的儀器對話。電腦化的生物反饋系統，可以增加療癒功能，譬如儀器會詢問受測者一些問題，像：「最近你跟你媽媽的相處好不好？跟你爸呢？」然後根據量測者生物反饋的回應，電腦可能開始問一些更深入的問題，然後藉以區分出在生命中某些特定的關鍵點，是如何控制自體防禦機制的決定，從而使得那些不自覺的想法，昇華到知覺意識層面。我們可以藉由這項新科技來改變自己，搭起一座不自覺情緒和理性思考間的覺醒橋樑，也讓人從現在所處的位階，躍進到另一層次。這或許聽來難以意會，但如果檢視近年所創新的科技，人們能看到這項科技已經應世。對大多數人來說，也許要花些時間接受這些概念，儘管這些概念並不新鮮。

　　從五○年代，就有許多心理學家和治療師，用生物反饋來監看和控制潛藏的意識面，這些潛藏的念頭，通常被稱為反射心理。雖然這類方法非常有效，但仍然未被科學界所認同。現在，有了改良的生物反饋儀器和先進的電腦設備，研發者將可把這強而有力的科技帶往下一進程。我們打算讓一般大眾都可用合理的價格使用這項科技，讓一般民眾學會在情緒上進展得更真實。

投入氣場研究的緣起

　　我拍攝氣場照是出於好奇心，當時是在一個治療學博覽會上，從一個以放鬆為主題的研討會中走出後，到這個氣場顯像攝影的展場。因為覺得有趣，所以往前靠近，一位年輕女士問我想不想看自己手附近的熱能。「把你的手放在熱感應座上就好。」當我照做了之後，她看了一下，說：「哇！您非常放鬆，而且，看看那些彩光的強度，您具有療癒者的能量。」我很好奇，在這塑膠片上單純的亮綠色影子，為何能顯示出我才剛去參加過放鬆研討會的效果？

　　當我面前有人拿著一張亮紅色的氣場顯像照時，更吸引了我的注意。攝影師將照片拿給一位少年，並說從照片上看，他似乎正要去運動，少年點頭稱是。

　　這真是有趣，如果這可以對我和對這少年都那麼準的話，那或許可以藉此知道更多的自我。於是我坐了下來拍張氣場顯像照，一會兒就有一張彩色照片在我面前。攝影師注視著照片上的彩光對我說：「您真的很放鬆，而且您看，有沒有看到您每邊不同的彩光？這代表著您正經歷著轉變。」一位較年長的女士為我解釋這張照片，我發現這張氣場彩光照片，竟然很準確地描繪出我自己、我的個性、我當時正在做什麼，也預測到了我現在的職業。

　　所有這些資訊竟然只是透過那麼一張小小的、色彩鮮豔的氣場照呈現出來，讓我感到很驚訝，我立刻對這新科技所蘊含

的可能性著迷。這是第一次，讓克里安攝影（Kirlian Photography）邁向更進一步的發展，氣場顯像攝影使得存在於人身體周圍的能量場，有機會得以彩光色彩來展現。

因為對氣場照分析的準確性的震驚，引領我去參加一次氣場研討會。在那兒，我發現了自己能看到人們真正的彩光。我的生活馬上改變了，我的財務狀況開始改善，因為經由氣場照，我知道自己更適合從事什麼工作，而且我也立刻轉換職場跑道。經由研究我的氣場色彩意義，在了解更多我真正的個性，以及跟什麼樣的人在一起會讓自己變得更好後，我的社交生活變得活躍起來。

然後，我因為能夠和那些自己真正喜歡的人相處，生活變得更加豐富精采。對於不同的氣場形狀，以及氣場中彩光意義的詮釋能力，幫助我了解自己與他人之間是如何互動的，而在經歷人生中的轉變階段時，我又是如何不自覺地處理外界所帶來的訊息和感覺，以及我天生的才能是什麼。

我撰寫本書的目的，首先是想對讀者解釋這麼棒的技術是怎麼回事！而氣場到底是什麼？然後介紹你如何看懂一張氣場照片，以及知道一個人的氣場彩光意義後，如何藉此幫助他更了解自我、自己的感情生活、特別的天分，並明辨自己的目標和志向。

我希望能用簡單的詞彙，凸顯這個氣場顯像攝影理論與實踐的主題。文中除了刻意避免複雜的專業術語外，並試著用一般人能理解的語言，來描述科學的深度主題，因此許多領域都

只能做簡短的介紹。

　　我要強調，所有的彩光都有其獨特和特別的質量，並沒有哪種彩光特別「好」或「壞」，彩光只是個人所感受的特徵和反映。在內文中，我曾指出白光和淡紫光具有較高的共振，但這並不代表白光和淡紫光是比較好的彩光，或在氣場照中有這兩種彩光的人，是比較進化的。跟其他比較暖色系的彩光像是橙光、黃光和紅光比起來，這兩個彩光就只是以較高的頻率在振動罷了。

　　當然，這本書只能說是了解這個新領域的入門工具書而已。既然我們接觸氣場顯像攝影的時間還算相當短暫，要更進一步發展到能將此技術應用在治療上，恐怕還得等待一段時間。但氣場顯像攝影很有希望成為知覺發展的重要工具，以及學習的器具。

未來的醫院

　　當你在玩虛擬實境遊戲時，扭傷了肩膀，你迅速地被帶到醫院。一位精神科的護士正在招呼你，她看著你的氣場，同時持續跟她的電腦進行對談。只需要幾秒鐘，就能將她的觀察輸入到電腦裡。她走近你，並在她能形成影響力的範圍內揮動著手，抹去一些你精神上的痛苦。在疼痛消褪些後，她告訴你：你只是輕微的扭傷，然後將你送到X光室去確認。照過X光後，你又被帶到一個氣場顯像室。醫生帶著X光片來了，看著片子，說剛剛護士的診斷是正確的，然後他指著X光片上扭傷

的部分，要你站在氣場螢幕的前面。

　　儀器運作著，你注視著自己肩膀附近的螢幕，看到了螢幕上在受傷區域有代表疼痛的紅光閃爍著。那護士走了進來，站在你旁邊，她把手放在離你肩膀幾公分遠的地方，然後你馬上看到螢幕上的紅色彩光和緩下來，而且有一種象徵治療效果、翠綠色的彩光出現。就在你覺得疼痛消褪的同時，醫生寫了一張止痛的處方，護士則幫你在手臂裝上吊帶。醫生說：「過幾天再回來檢查。」然後問你是否想要去一個心靈引導師那兒，針對你的受傷進行心理諮商，然後再離開醫院。

　　這樣的事，聽來像是只會發生在未來幾百年後，但這真的有可能比你想像得早許多年發生，因為這項技術已經應世。有許多心理諮商師能看見氣場，而且每年都有許多人正在研習班和氣場研討會裡參與「看見氣場」的訓練，也有愈來愈多的人使用氣場攝錄儀。不久的將來，這項技術將會變成一種在醫學和心理治療上，極為珍貴的工具。

第2章
電學和磁學

　　早就有人認為，在人體周圍存在著一種微妙的、非物質的能量場，但這想法一直未經正統科學界所確認。雖然如此，這些現象仍廣泛用著像「以太能量」等詞彙來解釋。最近幾年，坊間出版品增加了許多像是「電磁能量領域」、「氣場」和「能量醫學」等主題的書。電磁能量和甚至更神祕力量的實用性以及危險性，都經常被人提出。

　　這一章中，我們將以簡單的詞彙解釋天賦的人體結構，所提出的大多是人類現有知識的摘要。今後幾年，微妙能量場的研究和發展將會更加蓬勃，下列主題有可能變得更具意義：

・我們如何應用微妙的能量場新技術，來正面處理疾病和改善環境？

・「電子煙塵」會對人體健康形成何種危害？

・這些微妙的能量場有什麼規則？又到底是如何出現的？

　　諸如此類，只是一些可能的問題，而且我們已經知道部分答案。這一章，將從自然界中電磁兩極的基本現象開始談起。任何自然法則的生命，可能都是由這兩極性的互相作用而存在。在我們的生活中，許多這個現象的形式，出現在如電學和磁學的規則中。

　　電力的概念，已普遍應用在世界上幾乎一個世紀了，電力提供人們生活中各方面的需要。人類使用電力，不只是在家裡、公司裡、工廠裡、車子和飛機，而且還在我們自己、我們的身體甚或情緒和心靈上，都發現了電的影響。

電是從哪裡產生？

　　物理學上早就了解，流動的電流會引起對應磁場的自然現象。當一個振動的、脈動的磁場存在時，必然也會有電導體的能量流形成。電的最簡單形式，是在媒介物裡電子的活動所造成。意思是，為了要了解電學和磁學的法則，必須先談談物質最小的粒子。

　　古典物理學中，一個原子是被視為物質最小的完整單位（暫不討論如夸克等次原子粒子）。基本上原子包含了特定的微粒──電子、質子和中子。電子、質子和中子的數量，意謂了同時區分出的不同元素。因此，一個氫原子微粒組成方式和一個氧原子或氦原子是不一樣的。如果檢視一個原子，我們會看見電子環繞著由中子和質子組成的原子核運行。當幾個原子結合在一起時，就形成某分子，再由各種分子形成細胞，而細胞，正是人體主要的建構成分，進一步形成各種器官。

　　現在看看原子的結構（見圖2-1）。在軌道上的電子擁有負電荷，在核心的質子擁有正電荷，而中子不具任何電荷。如同上述，電子和質子的數量及位置，會區分出不同的元素。電子會以特定的形式和距離繞行核心並形成軌道，這可以用行星環

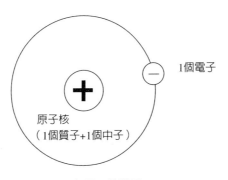

圖 2-1　氫原子結構圖

繞著太陽並形成固定軌道來認知。我們將用最簡單的粒子——氫原子來更詳細說明。這個原子只有一個質子在核心，且只有單一的電子。

　　如果用顯微鏡來看，我們可以將這個原子跟繞著地球轉的月亮繞行軌道相比。地球像是質子，而月亮就像是電子。就像在一個原子裡，月亮（電子）是繞行著地球（質子）轉的。在我們眼中，唯一的不同是，原子裡的電子運行速度，遠快於月亮繞行地球的速度。人類不可能跟得上電子在原子裡的移動速度，因為我們受到了感官感知能力的限制。

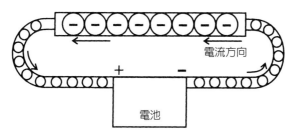

圖 2-2　電池裡的電流作用

在看過了物質中最小的粒子後，可以再往下一步進行。當我們拿起一條電線並將它連接上電池，將可觀察到如圖2-2的過程。就像所有的物質一樣，電線是由原子組成，因此包含了一定數量的電子。在有電流流動於正、負極間的電池內，擁有額外的電子。這些電子經過電線從電池的負極，流向電池的正極。在物理上，這個過程由下列定律來控制（圖2-3）：

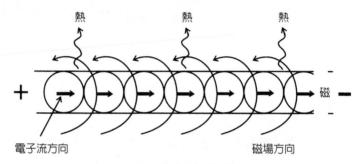

圖 2-3　電線裡的電流現象示意圖

- 電流是從電池的一端流向另一端。
- 在電流能量流動的垂直方向，會出現磁場。
- 在電線裡，電流所形成的電阻，會產生熱。

　　人類的身體裡，也有電能在流動。把這個例子應用在身體上時，可以先想像腦子就像是某種電池，消化道像是電池充電器，而我們的身體以神經和能量經絡渠道來指揮電能。

　　吃東西的時候，人體器官會吸收礦物質和其他營養；礦物質會在小腸和結腸裡被吸收。由於電解作用的化學過程，礦物質會在腦中產生電流脈衝。最後我們的腦會指揮這個電子脈衝

能量，通過具有作為驅動力的功能，執行所有身體運作的神經系統。

如果結腸或其他參與的器官沒有適當作用的話，電流，或者說是腦的電壓就會減低，人就會變得疲倦而昏昏欲睡。

經由更深更細微的能量流渠道——一種比一般電流更神祕的電力形式——磁場，便會在人體周邊形成，就像是分布在屋裡的電線一樣。稍後會把這個現象描述得更詳細些。為了較清楚地了解，現在來看以神經為例的電力分布作用（圖2-4）。

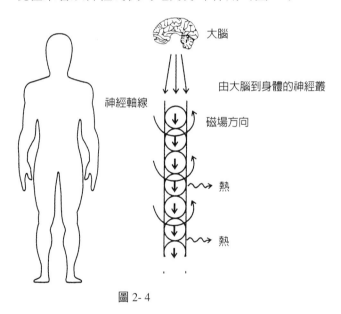

圖 2-4

上述兩極間能量流動的原則，是普遍性的知識，不論是一條電線或是一條神經纖維。經由能量的流動，磁場會產生在能量渠道的周邊。在電線裡有愈強的電流，磁場就相對愈強。每

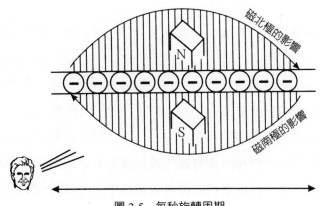

圖 2-5　每秒旋轉周期

一電流和每一磁場，都具有一個特定的對準線和影響力。如同眾所周知，磁場的基礎對準線是由南北極來決定，磁鐵指向北方的部分就叫北極，指向南方的部分就是南極（圖2-5）。

　　各別磁場和電流的特性，都被特定的波動和脈動所規範。所以某一磁場就能表現出其特定每秒一次或一千次循環的頻率。舉例來說，當一個產生磁場的物體，在一秒內進行一次完

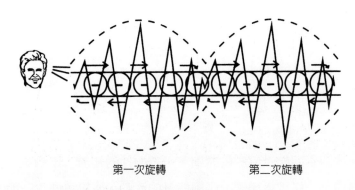

第一次旋轉　　　　　　　第二次旋轉

圖 2-6

整的自轉（360度），這樣子的動作就叫每秒循環一次。這個過程的科學術語就是：一赫茲的頻率（1Hz）。如果將這個東西的速度加倍，結果就是每秒循環兩次的頻率（2 Hz）。

頻譜

轉動一個發電機或某適當的媒介會產生電，頻率是由轉動的次數來決定。科學家們已經注意這些不同波段的頻率很多年了。電磁場或電磁波的完整範圍，從最低（像是釐米赫茲）到最高（像是一百萬的四次方赫茲或更多）稱為頻譜。

頻譜的最低範圍稱為超頻範圍或低頻範圍。研究者發現較低等的生命形式，像是單細胞和多細胞生物、細菌、病毒和菌類，是振盪於此極低頻率範圍。而這種振動正是水果逐步腐爛

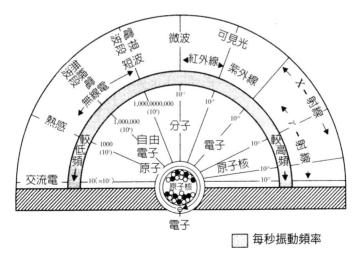

圖 2-7　電磁頻譜

的原因。有些家用電器和引擎所需的供電量,是在五十至六十赫茲(也就是每秒五十至六十次循環)的低頻率範圍進行。

　　如果發電機產生每秒100次至約16,000次循環,或者是有個在此頻率範圍內振動的媒介,就會得到一個可以經由人類耳朵所能接收到的聲譜頻率。為了產生這樣頻寬的聲譜,一個夠強的電能將會引起空氣分子的移動。人們經由耳膜能察覺到這個範圍內的聲音。空氣分子也會以較高的循環次數,大約16,000赫茲移動,但是大多數人沒辦法聽到這頻段的聲波,但某些動物,像是狗,就有此頻率的接聽能力。像在警報結束後,人們通常無法再聽到聲音時,狗卻仍然持續狂吠,這是因為牠們依然聽得到傳遞在空氣中微弱的聲波振動。

較高的頻率

　　如果到高達每秒500,000至1,000,000次循環(赫茲)這麼快的頻率時,就會產生波形非常短的波段。若電壓夠高,產生的能量會在電線上施以很強的壓力;此短波就能突破電線的束縛向外擴展,並進入自由的空間。這個過程其實正是無線電波的應用。不同類型的無線電頻寬(像是具有不同頻率範圍的長波和短波),被應用在像廣播節目等各方面。

　　可見光,同樣存在於頻譜的一小段範圍內,屬於可被人體肉眼感官察覺到的部分。光線是一個有特定波長和頻率的電磁振動。我們肉眼所能看見的,僅是已知頻譜上的一小區塊而已。在可見光頻率範圍之上或之下的電磁振動,人的眼睛就無

法感知。有些昆蟲和其他動物能看見的，是每秒數百萬次的頻段，遠遠超過人類能力所及。牠們有辦法感知到X光、珈瑪射線（gamma ray）甚至更短的放射線範圍。當我們看頻譜的最右端以外（圖2-8），也就是超過X光和珈瑪射線的振動範圍外，即進入以太能量場的神祕未知領域。

藉由感官，人的眼睛所能夠察覺到的，只是在頻譜上的一小區段，而這就是一般人所稱的「真實」。除了聲譜外，人類還能辨認出不同的光線振動。人依肉眼識別，將這些不同的振動頻率分為不同的彩光。通常人眼能辨識光譜上從紅色到淡紫色的範圍。有些動物或昆蟲，像蜜蜂，甚至能夠看到紫外線。

電磁譜上的能見度

觀看自己身體最內在的部分，相當有趣。就像所有的物質一樣，身體和器官持續依著一定的頻率振動著。首先，讓我們藉由檢視更細微的原子特性，更深入了解原子內的微妙領域。

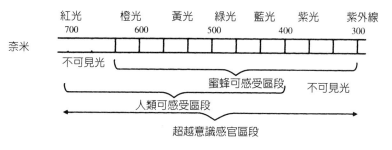

圖 2-8　電磁頻譜中的可見光區段

　　原子以大約1015赫茲的頻率振動，而一個原子核是以大約1022赫茲的頻率振動；這些振動速率是無法想像的快。簡單的說，當一個原子每秒1022次在兩極間前後振動時，它就好像是每秒在說1022次的「是！不是！是！不是……」我們的感官覺察遠遠慢於這個速度，以致於不可能處理到如此細微的訊息。

　　當原子結合起來變成分子時，振動速率會減低，而質量會增加。分子是以大約109赫茲的速度振動。藉由各種分子，一個個活細胞便形成了，而不同細胞則構成了生物體。如果我們看透人類的內在世界愈深，進入到次原子領域，那麼振動的頻率就會愈高。

　　我們敘述了電子與質子、電和磁等，事實是，現代科學對於這些現象知道的還非常少。然而頻譜清楚地顯示出，人類運用其感官所能感受到的真實，只是很小的一部分而已。

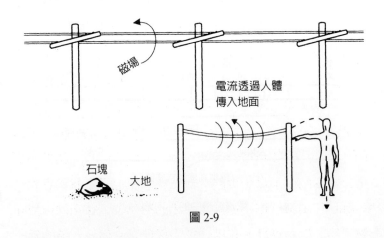

圖 2-9

相互感應與共振

　　要找出振動如何在人體裡運作、作用，需先了解物理的另一個基本原理。比如說，如果你在下雨天，靠近與曬衣繩平行的電線掛衣服，你可能會在碰到曬衣繩時遭遇輕微的電擊。

　　因為電線磁場的強度高，因此電線會散播磁場到曬衣繩上。而曬衣繩由於濕度高的關係，因而接收了電線上的傳導性。而曬衣繩上的電流，經由你身體的接觸而放電到地面。這項原理就稱為「相互感應」，在人體內也發現同樣的現象。人體擁有數以萬計的微小神經來導電，每一個單獨的磁場與下一個磁場互動，共同的電磁感應，造成了極為強而有力的磁場。

　　「共振」這個術語在電磁學上非常重要，這個詞彙描述了一個物體在被相互感應刺激時，振動的能力。讓我們用另一個例子來說明：當有兩把音準調到完全一樣的小提琴，其中一把小提琴放在桌上，演奏者拉奏另一把小提琴上的一個弦音時，如果仔細注意的話將會發現，另一把放在桌上的小提琴上，與演奏者所拉奏的那把小提琴相同的琴弦，也會開始振動。共振，就是一個共同的振動，存在於這兩根弦之間。

　　當用弓來拉小提琴琴弦時，這根弦會以自然的頻率來振動。因為兩把小提琴是被正確的調音，所以我們知道兩把小提琴上琴弦的自然頻率是一樣的。在這樣的情況下，我們會說是「聲學能量」。由第一把小提琴所引起的空氣波，在空間中散布並影響了第二把小提琴。和第一把小提琴調到相同音準的另一

把小提琴琴弦，對這能量波做出回應，因為頻率完全一樣。而其他的琴弦不會對空氣波有反應，因為對於被拉奏出的音波沒有形成共振。

這項共振的原理和八度音或泛音的原理密切相關。我們可再用一個聲學能量的現象來做例子。當琴師敲下鋼琴上中央C的琴鍵時，琴弦會以264赫茲的頻率來振動，當鋼琴的琴蓋打開，將會觀察到比中央C高八度的琴弦一樣會強烈地振動。而這條弦振動的頻率，剛好就是中央C那根琴弦振動頻率的兩倍（528赫茲）。其他與中央C有共振的琴弦也會振動。比中央C高半個八度的琴弦，也就是G音，會是以396的頻率振動。另外一些琴弦也同樣會被影響，只是沒那麼強烈。我們看到，當只有一條鋼琴的琴弦被敲的時候，共振會引起其他幾條琴弦一起振動，只是每一條琴弦的振動頻率不同。做過聽力訓練的人可以判別這些泛音。

共振原理不僅運用在音調上，那只是振動的一種形式。共振也是能量現象上最重要的定律之一。在電子攝影或克里安攝影那一章，我們會看到共振也存在於人類的身體中——身、心、靈之間。

共振也是人際關係的一部分，像是「我覺得被這個人吸引」、「我們相互了解、相處融洽」，或「我們有著相同的頻率」這樣的敘述，證明了共振這個原理不僅出現在肉體能量上，同時存在於情緒、心理和精神層面。

人類的振動範疇

現在讓讀者進行一場身體之旅，揭露這個祕密。我們用一個甚至能觀察到最小原子的虛構顯微鏡，在一小片肌肉組織裡放大些影像後，你將能辨識到單獨的肌肉纖維、血管，最終是細胞。我們愈是放大，就愈能夠辨別出這一片組織結構上，安排地恰到好處。再更放大一些，就會看到細胞由長螺旋狀的分子鏈組成，而在這分子鏈裡，整組整組的原子沿著軌道轉。原子在分子裡的活動形式，就像跳著節奏明確的舞蹈者，並在不可思議的快速下持續地進行，原子的高速運轉引起了振動。

如果在肌肉組織上放一塊磁鐵或一個電場時，我們從顯微鏡中會觀察到，在原子的動作裡立刻產生變化。磁場影響了電子的路線，以及彼此間的關係。

現在，更仔細地看每個單獨的原子，首先就像是在一片空曠無垠的空間裡，出現了模糊而神祕的糾結。然而，這團糾結愈被放大，就愈無法區分，電子震盪的輪廓最後將消失於無形。你將發現自己在一個完全空盪的空間裡——真空。如果這個空盪的範圍被放大，一個堅實的、可察覺的球體——原子

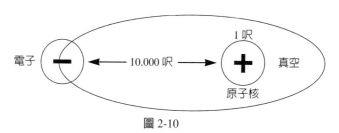

圖 2-10

核變得可以被認出。如果放大這個原子核到直徑一呎的大小，電子軌道的直徑會變成大約一萬呎，一個1：10000的比例。在這其間的剩餘空間還是真空的。如果用超級顯微鏡來更加放大原子核，它會突然好像消失不見。這時，所能看到的只有一個能量場般像陰影似的脈動。

肌肉組織怎麼了？這個實驗不是開始於固態物質的身體組織嗎？次原子物理學的研究，顯示了固體物質不過是空曠的空間裡，充滿了震盪的、振動的能量場，彼此之間不斷相互影響。在次原子的層面上，所有東西都以振動方式存在。在一個能量場裡，最細微的改變都會引起振動場裡其他同時存在者的變化。能量場的連線網是存在的，它們全都和諧地一起脈動，但每一個體都以自己的振動頻率來脈動。這裡的和諧，是這些能量場節奏的統一性。

如果一個外在的影響干擾了這些能量場自然和諧的節奏，所有其他相鄰的能量場也會被影響到。我們可以用一首由大樂團演奏的樂曲來比擬。如果一個樂手奏錯拍子，而且音準不準、音符又錯了，樂團裡其他的演出者大概也會不由自主地跟著奏錯拍子。一段時間後，原本應該是一場愉悅的音樂會，將會變成雜音演出會。一個好的指揮，能夠查出干擾源並去除這個干擾。透過他對樂團的強烈影響，樂團將能夠重建節奏及和諧。

人體的運作就像樂團一樣。健康、安樂如同身體不同部位、器官，都以相同的振動頻率和諧共振。小部位的干擾或不和諧，會引起不舒服；但有更多的干擾或不和諧時，免疫系統

就會減弱或是生病。如果身體的一部分不和諧了，全身都會受苦。如同杜明崔斯可（I. Dumitrescu）博士所說的：「我們能夠了解，疾病就像是一場體內振動的戰爭。」

我們可以將疾病解釋成身體內一個或幾個器官走音的行為。當一個強烈的、和諧的節奏，影響一個失去均衡或節奏的能量場時，和諧的影響力將能在系統裡重建秩序和平衡。

近來有些研究和實驗證實了人類振動的領域，能用科學術語來測量及證明。漢特（Valerie Hunt）博士，以及加州大學洛杉磯分校的其他科學家們，完成了一項對人類能量領域和與神經肌及情感能量之間關係的研究。簡言之，在歷史上氣場靈媒所見到和提出的發現，現在能夠在科學上用頻率波樣式的電子證據來證明。

經由天生獨具洞察力的氣場解讀者，所能觀察到的人體氣場，將其所看到的說出來並記錄下來時，科學家們同時能夠運用傅立葉分析（Fourier Analysis）和Sonogram頻率分析來測量能量場。

頻率和波形與那些能看到氣場的靈媒所看到的樣式及彩光一致。漢特博士的研究結果證實了，某些彩光與特定的頻率是有關連的，像是藍色有著較慢的振動頻率，而淡紫色和白色則有最快的頻率。

第 *3* 章

人類電磁能量場

　　想像一下這樣的畫面：回到數千年前，沒有車子、沒有飛機、沒有電器、沒有發電機、沒有瓦斯爐、沒有水力發電站的時代，但那時候的人知道火的祕密。有一天，一位石器時代特別聰明的人，對他的族人說他有革命性的發現。他提出大膽的斷言：我能夠將水變出水蒸氣。

　　對他的族人而言，這個人的斷言是難以被理解的、不可能的、無法想像的、不可思議的。大多數的人嘲笑這位石器時代的「科學家」，有些人還叫他「狂人」、「作夢者」。然而也有少數人對這件新奇的事感到有趣。他們看著他做實驗，看看他的宣稱是否真實。這位科學家在火上放了一個裝了水的容器，然後說，現在大夥兒只需要等一會兒。有些觀眾認為那太過簡單了。過了幾分鐘後，發現沒什麼動靜，他們便離開了，而且確信這件事只是個騙局，但是其他人等著，一段時間後，可以聽到水冒泡的聲音，水在沸騰了，就像是有一雙看不到的手在作弄似的，有一股像霧一般的物質升起了。有一些觀眾感到迷惑，認為是科學家使用了某種魔力。但是其他觀眾則是感到震驚而激動。他們學會做這個實驗，並學會處理這個新的能量形式。他們離開了，準備好要將這個知識散布到全世界。

自從很多人看過這個產生水蒸氣的實驗後，大眾接受了這個實驗。類似的情節一再發生，懷特兄弟、達文西、牛頓、特斯拉（Nikola Tesla）以及其他出色的科學家，一開始時也並不被大眾所接受，當時的同儕甚至會撻伐他們。然而，進展是不能被阻攔的。

這個小故事說明了對於探索新知的一個基本前提，應該要保持開放的、具有相當健康地、懷疑性的追根究柢心態，以及批判性分析的能力。真正的科學探索現象，將不會管是不是普世的觀點，而且能在沒有偏見的判斷下，試圖在日常生活中整合最新的知識，然後造福每一個人。

固態和不可思議的物質

萬物都存有不可思議的微妙體，並不是一個新的想法。十九世紀時，許多現象被發現指向生物學領域或以太（一個我們眼睛無法看見的能量）的存在。像是發展出生命力（orgone）能量理論的威爾漢·芮奇（Wilhelm Reich），和設法在實驗裡應用此能量的特斯拉，這些研究人士都是能量這不可思議領域的先驅者。

第一個關於能量體的科學實驗，也就是一個神奇的能量場環繞在生物的周圍，在一九三〇和一九四〇年代，由一位在耶魯大學研究環繞在植物和動物周圍能量場形式的柏爾（Harold S. Burr）博士來進行。為了證實電的能量場，柏爾博士使用了一般的電壓表在皮膚上測量。在對蠑螈的能量場進行研究時，

他確定了有一個直流電壓是校準了腦和脊椎。羅勃・貝克（Robert O. Becker）博士進行了類似的實驗，而且能夠確認，甚至更擴展了柏爾博士的結果。在蠑螈身上，他量到了似乎跟神經系統有關的直流電。每一個神經細胞叢都顯示出正電，而且牠們所有的神經末端都是負電電位。柏爾博士還發現，幼年期

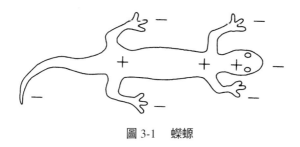

圖 3-1　蠑螈

蠑螈周圍的電場和成年蠑螈的強度大小一樣。

　　柏爾博士的研究同時觸及新芽種子。他發現環繞在新芽周圍的電場與種子的形式並不相符，但是卻和已長成的植物相符。柏爾博士的結論是，每個生物的成長都會受到環繞在其周圍的電場所影響。五〇年代後期，進一步在生物能量成長領域的實驗，證實了上述研究結果。

　　與生物電磁能量領域有關的電子圖像攝影，大家都知道的。在四〇年代初期，當柏爾博士進行他在美國的測量研究時，俄國的研究員克里安也在處理類似的現象。他發展出在高頻率、高電壓和低安培電流的狀態下，拍攝生物能量場的技術。克里安研究生物的電磁場和柏爾一樣，克里安運用特殊的

電子圖像技術，成功地將生物電場顯現在相片上。

　　四○年代時，柏爾和克里安都證明了生物是由一個微妙的能量場包圍著，這兩位科學家也同時發現，疾病和生物電場裡變化間的關連。從克里安進行第一個透過電子拍照的實驗後，許多科學家和研究人員都對這個範圍有更進一步的認識，並且對電磁能量場有更多的了解。我們到現在都還處於初期發展階段，也還需要更多的研究。

物質的結構圖

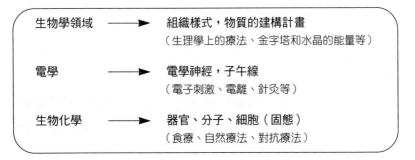

生物學領域　——→　組織樣式，物質的建構計畫
　　　　　　　　　（生理學上的療法、金字塔和水晶的能量等）

電學　　　　——→　電學神經，子午線
　　　　　　　　　（電子刺激、電離、針灸等）

生物化學　　——→　器官、分子、細胞（固態）
　　　　　　　　　（食療、自然療法、對抗療法）

　　先從已知道的部分開始——生化領域。在過去數十年間，科學領域對人體的生理過程已經有了深刻的認識。今日我們確實知道特定的分子和細胞，是如何生起化學反應的。遺傳工程讓人能夠更加深入了解身體結構的祕密。但這是一個非常有爭議的領域，它是具有危險性而且難以預測，因此需要更高的倫理標準。

　　許多科學家研究，其中包括柏爾博士和羅勃‧貝克博士，證明了身體裡的直流電系統。而且這個電流系統和從針灸所知

道的微妙能量途徑會相互作用，經由子午線經絡和神經系統，電能被傳送和分配到身體上所有部位。我們現在知道，不是只有高壓電才會引起身體重大的變化，即使是適應細胞間通訊的低微電流，也會引起身體上的改變。不同的工具被用來證明體內電能系統的存在，也被用來研究不同的物質和磁場在身體上的影響，像是核磁共振儀、磁量儀肌電圖（electromyography）和生物光子（biophoton）研究。

從破裂骨頭的癒合，我們知道電子訊號在此恢復過程中，扮演極重要的角色。像是柏爾和貝克博士的研究證實了，在蠑螈的身體裡存有完整的自癒模式，來教導身體的建造和重生。因此，除了電子面之外，還有其他更微細的東西存在，而那是傳播資訊的媒介。

這生物學領域似乎包含了組織樣式和建構計畫，而從這些樣式及計畫構成了所有身體的一切細節。在歷史上這更微妙的部分有著不同的名字：數量波（scalar waves）、以太、生物原生質（bioplasma）、氣、生命力、本初能量（在物理能量之前的），或是生物學領域。

由於我們目前面對一個全新的頻譜範圍，現有慣用的工具無法測量這些生物學領域的現象。但是在許多情況下，那些不被傳統物理學了解的過程，卻是可以被解釋的。

許多醫生在整體醫學療法（holistic treatment）上都有非常好的實務經驗，他們同時治療人體的數個面向。身為微妙能量系統的專家，佛雷德‧貝爾（Fred Bell）醫師描述了他的經

驗：「我運用生物化學方法（像是對抗療法、自然療法和飲食療法）所治療的十個人中，平均三個人有很好的反應。如果另外再加上身體的電子處理部分（像是用電離和電子刺激），成功率會增加到百分之六十左右。但是在許多情況下，問題的起因並不在生物化學或電子系統，而是在生物學領域。生物學領域是在其他部分之前，並且是物質構成的原因。我們可以說，它建立了特定的參數，所以電可以在身體裡流動，然後細胞和器官能夠形成。在運用到生物學領域時，除了生物化學和電之外，對大部分的病人來說，我可以說是百分之百的成功。」

生物學領域或以太體

幾千年來，中國和印度的醫學都認為，物質是由極精微的元素真實構成的，而且也將它應用在醫學治療上。「以太體」是常常被用以形容此微妙體的辭彙。

簡言之，以太的能量流是人類肉眼所看不見的，就像電線裡的電流一樣。但是身體裡這看不見的部分卻非常重要，因為

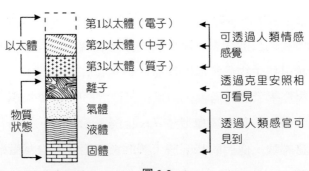

圖 3-2

它影響了讓人活著的生命能量。

　　這兒有一個模型來說明物理面和以太體。

　　下面的例子說明了物質的不同狀態：我們拿一塊冰（固體），然後將它放在爐上的鍋子裡，把爐火打開，熱的放射導致分子動能增加。很快地，從冰變成水（液體）出來了。如果熱輻射持續著（經由爐子），滾燙的熱水就會變成蒸氣（氣體）。當然，如果再提供更多更強的能量，水分子就有機會分離成氫（H+）和一氧化氫（OH-）（離子）。這四種狀態都是物質面最普遍的狀態。在西方世界裡，我們對於物質的組合成固體、液體、氣體和離子的狀態都有充足的認知，而最近的科學也有碰觸到以太領域的狀態，也就是物質的次原子面。

氣場是如何產生的？

　　在談到氣場和彩光間的關連前，先解釋電磁能量場的結構和功能。在一個媒介裡的電子流（例如，電線裡的電流或神經裡的電流），會引起一個電流和一個磁場。電流和磁場，是彼此緊密相連且常被稱為「電磁場」。促使電磁場形成的不同能量系統，也存在於我們體內。現在讓我們更仔細地看看身體是如何形成電磁場。貝爾醫師在其《無知之死》（*Death of Ignorance*）書中是這麼描述的：

　　「除了神經和血液循環之外，許多不可思議的能量路徑存在於身體裡。中醫學描述了七萬兩千個主要的能量路徑——針灸的經脈和穴道。穴道負責傳送身體裡的電，另外還有許許多多的比較小的路徑傳送相對更小量的能量。主要的路徑透過血

液循環、經脈、脊椎和神經。脊椎被認為是主軸，電磁能量場環繞著這個主軸形成。人類能量場的北極是位在腦室中，南極則是在脊椎的末端。如同前面已經提過的，磁力會以一個與電流脈衝保持垂直的面展開。由於能量路徑是平行的，這些路徑便會彼此感應並不斷加強，如此就加大了電磁場。

要維持這個感應和加強的過程，能量流必須是分階段且和諧的。當人們感受到在精神層面上和宇宙能量和諧共振時，就到達了天人合一的階段，一股和諧的能量流正在體內運行。一個身心靈平衡的人，會具有較大的電磁場範圍。

意識頻譜

除了肉體顯著的外觀之外，另一個不可思議的能量範圍也同時存在於人體。這不可思議的生物能量場滲透於所有生命體間。以太體大體上負責了我們的身體健康和各種形式的活動。這固態的肉體，是由這個更加細微的能量場滋養和形成的。

雖然以太體通常是人類肉眼看不見的，但這是屬於此物質世界內的實體之一，它比外觀肉體的振動只高了一個八度。我們經常下意識地察覺到它。它常被描述成像霧狀般，環繞著身體，大約三到五公分厚，看似朦朧的氣體。那些具有更敏銳感覺的人，能夠辨認以太體的詳細狀態，並應用在治療上。

更進一步地，人類不僅有肉體和以太體；每個人都能感覺、愛，會感到沮喪，也會有希望。人們能思考、分析，具有直覺和靈感，並且了解心理和精神面的真實，所以人類還有印象和表達

等其他面向。這些區域是感覺的不同層面或存在面。肉體就像是某種車輛，在其中感覺（情緒體）、思想、直覺（心理體）和靈性統合，並在一個物質面（身體）上表達出個體。許多古代的文化和哲學談到七層微妙體，或靈覺的領域，是在身體裡或圍繞著身體，這是形成人類氣場感覺的各微妙體中磁、電的放射。

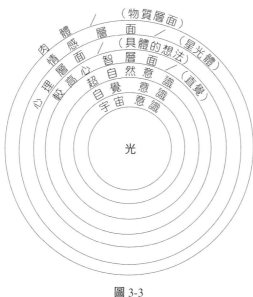

圖 3-3

第 *4* 章

氣場攝影

人類真的有氣場嗎？

　　首先，我相信你對自己的氣場已有些了解！你可以在初次遇見某人的剎那，感覺到自己是否喜歡此人，或是否喜歡與他相處？這就是氣場。每個人都有自己的能量場，唯一不同的是個人的感受。過去有些人能看到氣場，但在十二、十三世紀時，有此能力的人可能都被處以火刑。具有這些神奇能力的人都消失了嗎？十九世紀初，當時的特斯拉和愛迪生，是目前運用科技技術觀察氣場的最早創始人，在電力被應用後，他們嘗試使人看得到氣場。約一九三五年時，蘇俄教授克里安研發了利用高電壓攝影技術，拍下人體手、腳的能量場，這種技術就是今天知名的「克里安攝影」，克里安相機提供了不少有趣的資訊，不過所應用的技術和氣場攝影則有很大的不同。

什麼是「氣場攝影」？

　　「氣場攝影」的起步開始於不久前。約一九八五年時，加州幾位科學家開始研發今日我們所知道的氣場攝影技術，然而當時還無法直接拍攝到氣場影像。藉由手的接觸偵測來拍攝氣

場照，其實是最簡單的方式，因為每個人的手都有經絡、穴位及指壓點，可反映全身的能量狀態。藉著偵測儀感應把結果傳送至相機系統，再經由個人獨特的振動頻率所反應出的能量現況，便可在底片上呈現出特定的色彩，並得以解讀量測結果。簡而言之，這就是「生物反饋系統」。

靈媒的神奇能力

許多人具有看到氣場的能力，一般稱之為靈媒或靈視者。這些人也曾參與研發氣場攝影技術，他們具有用肉眼就看見氣場彩光的能力，但一般人通常只能藉由氣場攝錄儀才看得到。靈媒看見氣場的方式，就如同氣場攝錄儀，或許只是彩光強度沒有那麼強烈。我本身接觸過很多靈媒，部分人曾幫助研發團隊分析氣場照片，過程中有些人並不相信這項新的技術，所以他們會用自己的氣場照來測試，看我們對其氣場了解的程度。實際上氣場攝錄儀的測試結果，一直都很準確，對此我們也覺得很不可思議。

氣場照的功用

氣場照有什麼功用呢？事實上非常多。

一、好玩、有趣。

二、對自己更加了解。

三、學會如何平衡自己的能量和保持健康。

四、因為了解頭痛為何形成，所以不會再有頭痛的困擾。

五、可以接受並進一步檢視如靈氣（Reiki）、靈性彩油（Aura Soma）、巴哈花療法、心靈療法、心理治療及振動能量治療等各式療法的成效。

六、可以了解一個人心靈的變化，例如，冥想前後的氣場差異。

七、當人看見自己的氣場，有助於幫助你打開心房。

八、看見自己的氣場，就像看到自己的內心，讓人有機會從內心深處改變自己。

克里安攝影

透過底片將電磁能量場的電子攝影或記錄下來，並不是新的技術。早在一九三〇和四〇年代，克里安先生開始他的實驗之前，科學家們就已經著手研究電子攝影了。麥可・法拉德（Michael Faraday）、尼可拉・特斯拉和愛迪生等人，只是所有已經知道微妙能量體和人類氣場奧祕者中的少數科學家。在十九世紀和二十世紀之交，尼可拉・特斯拉已不僅能拍下手指間的氣場照片，更拍下了環繞在整個人身體的氣場照片。

一九四〇年代，第一個關於能量體研究的實驗已經開始進行，這研究的所謂「能量體」，是指圍繞在生物體周圍的微妙能量場。自此以後，許多的研究者和科學家，都投入於從事這個主題的研究。其中最有名的也許就是這位蘇俄的科學家——克里安，他發展出克里安氣場攝影技術，這是一種能夠拍攝出在生物體周圍微妙電磁場的技術。

　　電子攝影通常會與以「呈環型光暈狀釋出」著名的現象有關。呈環型光暈狀是電子釋出的結果，而且是數以百萬計的電子被呈現出來。由於底片和電子啟動器的配置，因而會出現一張漂亮的氣場色彩和能量釋出的形貌。

　　在克里安的攝影裡，重點放在「雙手」（通常雙腳也會一起拍攝），受測者將兩手放在一塊與高頻率電壓場啟動器連結在一起的板子上。在一瞬間，手便經由板子暴露在高頻射線中，手和腳的電磁能量反應，會被攝錄在底片上。顯像後，克里安攝影所拍出的效果，看起來會像是這樣（如下圖）：

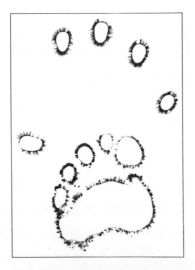

克里安攝影拍攝出的手和腳部氣場

　　每個指尖都與高頻板面緊密接觸，且都呈現出放射狀能量釋放現象。要如何解釋這個呈環型光暈狀能量釋出的現象呢？

為什麼這個樣式是在手指或腳趾的周圍由內向外顯出？

從針灸的理論中，我們知道，許多能量的路徑是行經整個身體的。我們能夠想像這些經絡，就像一個比神經系統更細微的系統，某些在皮膚上的重要點位和經絡上的要點，已被認定為「穴道」。這些穴道分別與不同的器官共振。經由針灸的針刺激這些穴道，或透過指壓按摩，相關的器官就會被注入生命能量，也稱為「氣」。舉例來說，用針灸的針去刺激肝經絡的相關穴道或用按摩方式，都能夠活化肝功能，以及與這經絡有關的身體其他部位。

克里安攝影能夠確認中醫裡的這項知識，它顯示出手上某些特定的共振點，甚至就是指尖，是分別與特定經絡連接在一起的。當我們在克里安相片上的某一區中發現了不尋常時，就能從手指或手的共振點，推斷出能量在體內的哪個部位阻塞了。

在我們的實例裡：像對應於肝點的那一區，若顯示出微弱的或很強的放射能量，便可以推斷肝經絡或其相連的身體部分能量已產生阻塞現象。

電子攝影中最有趣的現象之一，是「幽靈葉」的效果。很多研究家，包括亞倫・德翠克（Allen Detrick）和杜明崔斯可，都發現了在生物體周圍的能量場。當他們將一片葉子從中切半時，感到非常驚訝，因為他們發現被切掉的半片葉子區域，仍會放射出與原本整片葉子一樣的能量場，也就是所拍到的竟是「完整的整片葉子」。即使葉子的某部分不在，一個微妙的能量場還是繼續存在於原本的部位，就像原來的葉子還在一般。

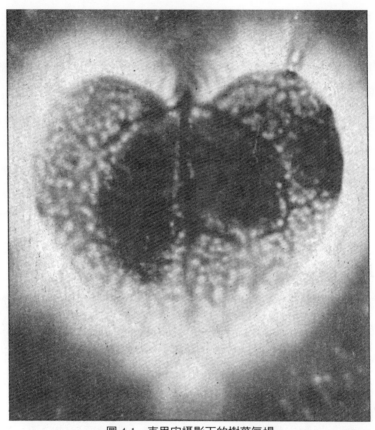

圖 4-1　克里安攝影下的樹葉氣場

　　有些理論說所謂的「幽靈肢」疼痛，有可能就是類似的現象。截肢之後，許多人還是會在那一區感覺到疼痛。即使肉體上的肢體已經不再存在了，但克里安攝影確定了，能量場似乎還是會繼續引起疼痛感。

　　雖然克里安攝影已經進行研究並實際使用超過了五十年以上，但仍有許多祕密無法解釋。

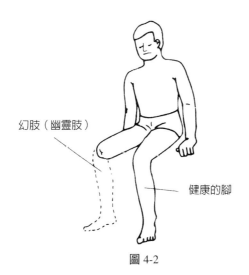

幻肢（幽靈肢）

健康的腳

圖 4-2

克里安攝影的功能如下：

克里安攝影在視覺上，代表了一個人的以太體和帶電的肉體，它顯示出身體對電子刺激的反應會有什麼形式的回應，並在底片上記錄下這些變化。就像在虹膜判讀及反射療法一樣，克里安攝影使用了反射療法的點位，顯示人體內部器官的狀況。既然一個「被限制住的」或是「變弱的」器官，會對應在一個鎖定的神經反應上，因此只會有細微的電子變化或根本沒有變化會被呈現在反射點上。

被拍攝的對象和克里安攝影裝置所用的頻率，必須能互相共振。在幽靈葉的例子裡，其產生的頻率和以太能量場是互相共振的。以太體氣層的構造，和較高的振動光譜、比肉體振動再高八度的振動光譜有關。如果正確地應用時，克里安攝影便能夠呈現出以太體氣層的能量。

　　我們可以用下面這個例子更加理解這段過程。當琴師在鋼琴上彈奏低音C時，這條弦以自己的頻率在振動，但這振動同時引起了其他八度音階的琴弦一起振動。所以當彈了低音C時，高音C也會振動，就像是一組泛音一樣。

　　克里安攝影應用了這個原理。電子能量引起了肉體八度間的電子移動，在此同時，高一個八度，共振的音頻在以太能量場中被刺激了。因此克里安攝影以其攝影機產生的電子場，就能顯示出以太體樣貌。

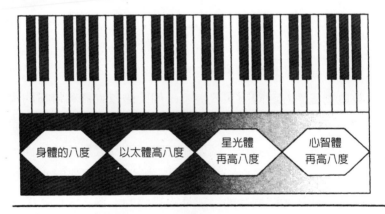

身體的八度　　以太體高八度　　星光體再高八度　　心智體再高八度

圖 4-3

　　近年來，許多醫生、自然療法者和治療師，已經多元應用了克里安攝影術，藉此看出早期的能量阻塞，進而診療和預防疾病。外在和內在因素（像負面或正向的念頭）強烈地影響個體的能量系統，這是無庸置疑的事實。如果還想更進一步了解，推薦彼得‧曼德爾（Peter Mandel）的書籍，他成功發展出一套診療系統——能量點診療，那是克里安攝影更進一步的延

伸產物。曼德爾的能量診斷系統已經非常成功了。

微妙能量場

　　電子攝影呈現出的環型光暈狀，是經由肉體、以太體與一個高頻電壓場的互動所致。一個受過訓練的克里安攝影使用者，能夠從氣場照片中精確地描述出，造成身體出現問題或疾病的能量失衡所在。

　　在此簡短地總結關於微妙能量場的重點：

　　如同較前面的章節中指出：人類通常無法超越肉體感官的限制。大部分人沒辦法感受到微妙的能量場，但有許多人卻能夠感覺到甚或是看到氣場。一個具有靈視能力的人，能感受到微妙能量場呈現的不同層次。很多人其實都能看到部分的以太體氣場，只是他們並不知道而已。這層生物氣層從身體向外放射約3～6公分（1.5到2英寸）左右。

　　下一步就是察覺人類的電磁能量場。電磁能量場從身體裡的能量流中升起，當我們談到氣場的時候，主要是講存在體內的這股能量所散發的力場。人類較高次元的靈體，常被稱為「氣場」，但我們會用「星光體／以太體」、「心智體」、「靈性體」等詞彙來區分。較高能量體反應出個體性格中的情緒、心理和精神層面。

　　每個人都能藉由不斷持續的行為、一些刻意的改變等，來影響這些層面。過著情緒非常失衡的生活的人，可以經由增加他們的體認和使用適當的療法或冥想，來促使情緒上達到平衡

的成熟性格。但這種性格上的改變要穩定保持下去，是需要時間的。

電磁場對內在和外在的變化影響有很快的反應，也因此會發現氣場常常變化。氣場的形狀和彩光，會依據心理或心情的狀態而改變，但其實很少在短時間內產生劇烈的變化。

由於電磁能量場同時與較高的能量體連接，所以它能指出身、心、靈的本質。電磁能量場告訴我們關於個體的性格結構、感覺、天賦、欲望，以及能量結構等。每個人的身體、心理和精神層面，都存有單獨的振動速率，因此各別振動面所產生的不同色彩或色彩組，將反應這三個不同層面。

氣場攝影技術的發展

美國一個研究機構，發展出測量電磁場的測試。受測試者手掌的任何反應，都將用一個電子感應器完整記錄下來，而要測量存在於身體周圍的能量場，一個媒介物或測量儀是必要的。

為何要用手掌作為測量的媒介，答案似乎很明顯。從針灸中，我們知道能量的路徑、經絡遍布在全身，而經絡與身體各部位都互相關連著，包括了不同的器官。這個知識被應用在反射療法上，經由按壓和刺激反射點，以平衡並使特定器官變得更加和諧。手就和腳及耳朵一樣，在微妙氣層能量場層面上，能反應出包含了所有器官和整體的有機組織。

測試者會在受測過程中，被引導於不同的情緒和心理狀態，想像的和記憶中的如意外及童年時的經歷等，這些人被要

求調整自己於不同的心理狀態變化中。測試期間，能看到人類氣場的靈視者，觀察氣場的色彩和形狀組合以及變化歷程。

一連串的實驗，建立了手上某些共振點，更確切地說，驗證了「電磁測試結果」與氣場間的關連。所以實驗結果不只可顯示出經由特定反射點所代表的器官，同時也反應出人類能量場與手部特定對應點的密切關連。由這些測試結果，發展出「氣場分光光度計相機」。這是史上第一次啟動用攝影技術來表現氣場。這不像克里安技術藉由高頻電壓場的模式，而是藉由光學特性的作法。因此在氣場攝影領域上，氣場分光光度計相機是一個嶄新的概念。

精密的感應器掃描及測量手上的電磁能量場，測量出來的數值代表了不同的振動頻率，因此關連到不同的色彩。這訊息接著被傳送到照相機晶片，轉化成對應的色彩振動，結果呈現的色彩組合，完全符合此人獨一無二的能量場。這光學系統再藉由一張高質感的立可拍相紙，顯現出一張具有特定彩光振動的氣場照片。

氣場照的分析

只拍到一張好的氣場照是不夠的，氣場照的解說更為重要。解讀氣場照時，必須注意以下部分：氣場的形狀、能量的位置、氣場的彩光。

氣場形狀在高度和寬度上會有變化。基本上，彩光愈清楚、形狀愈大，顯示能量愈強，氣場大的人呈現外向的特質。

氣場小，表示不是疲憊、內向，就是正全神貫注地從事某項活動。如果氣場裡有斑點和雲狀物，表示有壓力。氣場有破洞或彩光暗沉，則表示缺乏能量。

攝影氣場圖的五大部位和人體真實的氣場極為相似。

A. 身體左側的能量

左側氣場彩光（心臟的那側）表示：陰性、女性、被動及內向。左側看到的彩光，代表即將或正流入個人能量場的頻率，顯示出你所吸收的能量的質，和個人的未來有關，也和此部位氣場的形狀大小等有很大的關連。

B. 身體右側的能量

右側氣場彩光代表：陽性、男性、主動及外向。右側氣場品質，代表個人現在的狀況，其彩光的特質，正是周圍的人所能感受到的你。

C. 頭部的能量

頭部氣場彩光的能量，顯示目前正在發生的事，和個人的想法。

D. 心部的能量

心部氣場彩光的能量，顯示個人如何處理情緒，表示該人表達情感的能力，也跟此人的免疫系統有關。

E. 喉部的能量

喉部氣場彩光的能量，顯示個人的溝通能力和創意。

一張氣場照片，可能會由各種不同的彩光和形狀組合而

成。（請參考第十章的詳細說明）

如之前所提到的，一個人的氣場裡可能有無數的彩光。如果要呈現出所有不同的彩光組合，判讀上將會變得非常複雜，所以我會先以主色密碼彩光為主，然後再依個別的氣場照中各個部位進行分析。

在研究氣場多年後，我們找到了新的挑戰。「人體氣場攝錄儀」利用電腦顯示出人體氣場隨著時間而產生的改變，看著自己的氣場就像影片一般變化，不是很有趣嗎?!看著我們的氣場數分鐘甚至數小時，觀察自己的感覺和想法對氣場所造成的影響和改變，藉由心的力量改變氣場並不是不可能。你會開始思考：治療和冥想能帶來什麼變化？我們可否改變自己的感覺和能量？可否靠著自己的能量自我療癒？

我們現在正開始了解感覺、能量和心的關連，十年後又會有什麼不同呢？這項發明可以協助我們進入自己的內心世界。

第二部

從能量角度看氣場

第 5 章

氣輪

身體的能量中心

　　許多古老文化都談到人體內的能量匯聚點或力點，能量不但流經這些點，同時也會進行轉換。北美洲印地安人認為他們是北美大陸最古老的居民，在其世界觀中，他們認為人類身體建構所根據的原則，跟地球建構所根據的原則一樣。身體和地球都有軸線，南北極的軸線與人類身體的脊椎相符；北極像是人類的腦，南極則是脊椎尾端。脊椎造成了身體的平衡，沿著這個軸心，大部分的神經點不只是對器官的運作功能有很重要的影響，同時也是微妙的能量匯聚交換中心，能對心理和身體功能管理負起重責大任。

　　東方醫學特別提到以太體，又稱為生物學領域，以及能量中心的意義。印度將最重要的能量中心稱為「氣輪」（chakra，又稱脈輪）。氣輪狀況常會透過人體的內分泌腺作用來顯現，這些腺體控制了所有生理和情緒的歷程。氣輪是微妙的轉換點，經由這些轉換點，再將宇宙的、較高頻率的能量傳送到肉體中。這個生命能量對身心健康非常重要，如果氣輪的能量流被干擾，對應的內分泌腺體和所有被連接的新陳代謝過程，都

會變得不平衡，然後一條身心混亂的鏈子就會顯現。

在下面的說明中，將會看到七個主要的能量中心和它們在身體上的位置。

所有物質都有其特定的振動頻率，就像是廣播和電視的電波，可以共存而不會互相影響或干擾，不同的能量體或物質，也可以毫無問題地同時存在於相同的空間中。某一層面的能量流，能順暢地被連接到不同的層面是很重要的。

如果一個人知覺的不同面向（情緒、心理和精神面）無法相互連接，在各自層面內的資訊就無法交換，此刻顯現的，就像一個人難以在日常生活中表達自己的感覺，也不能將智識和直覺等轉換為創作。就像每個系統一樣，人類身體需要轉換點或交換點。在人的肉體裡，氣輪（能量中心）扮演此轉換點的作用。因為氣輪改變，源自於精細的、較高頻率的能量體（情緒─心理─精神的）支流，所以肉體能夠藉此轉換，將氣輪所釋放出的能量應用於所需。

我們能將這個過程，用日常生活中的常見事物來引用說明，像是大型工廠的機器需要440伏特或更大的電流，而家用電流則通常約需110伏特。如果你用較高的電力供給家用電器，那麼家用電器很快就會受損故障。在工業社會中，主要的供應中心是電力，一家電力公司負責某特定區域的供電。經由電線，電力將被供應到該區域的住宅和工廠，而電流也會根據不同的使用目的而調整。電壓的轉變，是取決於需求，譬如家用電氣用110伏特，而工廠使用440伏特。

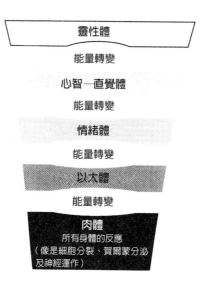

能量轉換在人類身體上也有相似的原則。如果將人類的知覺，想像成真實存在的物體，比較容易了解這個概念。

駕馭並給與人類系統靈魂的能量發動機，是在較高的精神面上。這個精神面同時被稱為人的天賦，是與無所不包的宇宙萬物相連接，並能從此個體的能量流動到其他能量體，或是人類本質的其他面向。每個能量體必須執行不同的任務，因此需要特定能量的質量（或是電壓）。在每一面上，某些轉換點是存在的，其功用是用以將能量轉變到適用於不同層面。這個例子符合了在一個具有配電功能的電力供應站，中央電力的供電，藉由電力站供應不同的電壓，以提供不同的使用需求（像110伏特或440伏特）。

整個宇宙是用最原始的力量來連接的，這個力量會根據心

理、情緒或肉體面的需要來轉換。從天賦的個體到生命的不同面上，這原始的能量會愈來愈失去它的力量和強度。當愈接近物質面，振動頻率愈低，一直到最終的肉體（固態物質）的振動形態。

過去的研究已經顯示，肉體和以太體間存在的連結及轉變現象。要在神經、循環系統和針灸穴道之間，建立一個直接的連接管道是有可能的，也就是要找出此運作的軸心。許多研究正在進行，特別是在能量醫學領域，在未來幾年中，我們將能看到革命性的觀點出現。

人類和宇宙都存在著不同的面向——精神的、情緒的和心智的。人體和宇宙體的不同，只在於彼此間的波長，也就是頻率的不同。換句話說，天賦的力量不僅被發現於外在的肉體，也存在於自我的內在中。由於人類具有想像的力量，因而能以心智調整自己的頻率到不同的能量體或知覺面，並改變現況。所有擴展知覺的方法，包括冥想，都在這麼做。

氣輪和知覺

我們的知覺會在多度空間中經由不同的知覺面來移動，這些改變甚至會更快、更常發生。為了因應這樣的情況，身體的能量中心變得非常重要。每個氣輪都負責在知覺或振動的特定區域中，扮演某種程度傳送和接收站的作用。當一個人的注意力集中在特定氣輪上時，代表此人正在處理與那氣輪相關的「主題」。

　　古印度的先知們，經由其敏銳的觀察能力，發展出人類能量系統的知識。這類科學，後來被寫在古智識文獻——吠陀典籍中。在印度，就像在其他許多古老的、明智的文化中，氣輪被陳述與某些彩光、元素、符號和特性有關。某個振動關係，存在於這些關連之間。

　　舉例來說，梵文Lam（真言）這個字的音與一個金黃色長方形壇城的形象，產生了某種共振。而在身體裡，比方像「土」元素，會與性腺、第一氣輪、紅色、火星和紅寶石，形成彼此間的共振。當對應到不平衡狀態時，上述的技巧就會有協調的作用，某些冥想技巧，便是利用了這方面的知識。

　　當某人主要關心的事都與物質化生活有關，或陷於日常生活中的問題時，此時的知覺就會集中注意於第一氣輪——海底輪上。這時的想法和感覺都會是物質取向的，而且日常活動多半是為了求得安全生存下去。即使當注意力集中在第一輪時，個性和氣場圖也會有很大的變化。根據它的發展狀況，其個性範圍可能從暴力、破壞，到生龍活虎，或生活中充滿快樂。注意力雖還是在最底部的氣輪，但能量品質或表達方式，卻可能隨時改變。

　　在人類電磁能量場中，知覺的第一輪狀態會是淡紅光的。根據個人的發展和個性，可能會出現一種深的、混濁的紅光，或變成明亮的、純粹的紅光。暗紅光意指該人處在極端的物質生活下，可能正沉迷於酒精或藥物之中，無法自拔。氣場的亮紅光，通常意謂一個敏感的人雖然對環境適應得很好，但還是

偏重於物質面的享受。

如果集中注意力在第三氣輪上時，也會遇到相同的情況。出現在電磁場的黃光會有暗黃和金黃光的區別。喜歡設法控制和利用其環境或別人的自我主義者，他們的氣場會出現暗黃光。暗黃光帶有一種限制性的作用。一個強壯的、有魅力的並在團體中被推崇的人，電磁場極有可能呈現黃光，然而，這個黃光會極其明亮而且鮮艷。

人的所有氣輪能量中心，都是以相同方式在作用。每個人為何會特別專注於知覺的某個面向，端視其當下發展的進程如何。這個面向或許會更強烈地顯現某些特質。要了解，各個面向都會經由氣輪連接到電磁場來呈現，比較著重在身體和情緒的人，在他們的氣場上可能顯現出較多的紅光、橙光和黃光，而比較重視心靈和創造的人，泰半會顯現出藍光、淡紫光和白光。以下的圖表清楚地說明了氣輪能量中心和特定人類身心特質間的關連。

各氣輪的意義

第一輪【海底輪】：為了生存而奮鬥、基本需求、獨斷的 力量、與大地的關連

海底輪與生命力（身體狀況）、生命維繫、生存有關（例如家庭、工作、事業、財務等）。

當海底輪是亮紅、圓、清晰的話，顯示目前正處於一個極

佳的狀態。你的生活隨著你的步調順利進行，而且你也樂在其中。若變得模糊、變動不已，則顯示目前和生存相關的事正遭逢壓力。可以問問客戶的家庭或工作，是不是正有些變化或難以決定的狀況，以致產生困擾？任何與家庭或工作有關而形成的壓力，都可從海底輪是否產生混亂、分裂等看出。

外在環境會影響內在心境，通常海底輪也能看出這些根本的變化。你應該建議客戶是否重新思考自己的信仰或理念，該有些變化嗎？是否該接受新的價值觀？

此輪小、濁、變動不已時，則顯示引以為生的技能或工作、財務等產生障礙，此刻應建議客戶試著重新思考自己的定位，什麼是生活中最重要的？這時他需要能量的注入。

主要彩光：紅光

感覺：嗅覺

梵音：Lam

元素：土

元素的符號：金黃色長方形

內分泌腺：生殖腺

身體：生殖中心

和諧的：生命力、活動力、強烈性需求、辨別能力、安定

不和諧的：性方面的疾病、了無生氣、幻覺、強烈的自我
　　　　　中心、嚴重的焦慮

第二輪【臍輪】：情緒和感覺、性慾、喜愛感官享受

　　臍輪和情感、人際關係及性有關，擁有開創、生產和創新的能量。

　　如果是明亮、圓且清晰的橘光時，顯示此人擁有健康正向的情感生活、人際關係，他的感覺清晰，能正向傳遞情感。若輕微的模糊，意謂此人正發生一些人際關係上的情感問題而造成壓力，變化程度與壓力的大小成正比。若臍輪有黃光出現，意謂你正專注於處理生活中轉變的局勢，可能是人際關係、情緒甚至是懷孕（女性）。

　　若臍輪小、濁、暗，顯示情感和創造力受阻，此刻其氣場可能同時呈現混濁的黃棕色，此刻的他，情感和身體都可能處於耗盡的狀態。應該在此時建議客戶，審視自己，看看自己真正的內心感覺、真正的需要、真正的渴望，然後去追求。因為平時他可能過於關心別人，疏於照顧自己；但真正的愛人，並不是要委屈誰，甚至是委屈自己來求全，這不一定是最好的處理方式。

　　主要彩光：橙光、黃光

　　感覺：味覺

　　梵音：Vam

　　元素：水

　　元素的符號：銀白色新月形

內分泌腺：腎上腺

身體：血液和淋巴、消化液、腎臟、膀胱

和諧的：適應性、自滿、循環佳

不和諧的：不好的循環、腎臟和膀胱的問題、嫉妒、寂寞

第三輪【太陽神經叢】：人格的發展、影響和力量、行動的智慧

此輪在肚臍之上、胸部之下，與自我及心理狀態有關，太陽神經叢呈現你的自尊、自我意識、個性、人格和個人力量（權力等），此輪同時呈現你是怎麼看待自己、如何對自己評價的現況。

若此輪呈現很亮、圓、清晰的黃光時，代表你正處於極佳的個人狀態，你可能擁有對外在人事物掌控的權力，你很滿意自己，對自己很有信心，也明確知道自己生命中的所需。你能很專注的達成現階段的目標。

若此輪模糊而且不斷變化，你可能對自己的能力產生懷疑，或正在重新認識自己或恰巧有戲劇性變化的事在你身上發生，此刻的你可能正在重新整合身心或引入直覺力，也可能是第三輪和第四輪正處於緊密相繫互動的階段。

若此輪小、暗、濁，則顯示生活中失去重心、方向，你不知道該做些什麼才是最好的，而且此刻能量明顯不足。若此輪裂成兩半甚至更多時，顯示能量上升至心輪而流逝，也就是你

過度對他人付出，此刻的你可能已感到疲倦、耗盡。

如果第三輪形狀及顏色都很漂亮，可以試著拋開感受，依直覺行事。其自我意識可能會試著想分析這分析那，並影響你讓你不能憑內在直覺行事，此刻你要了解，自我意識只是所有智慧的一部分，千萬別只單依習慣的作為行事，要練習讓直覺的判斷融入。

主要彩光：黃光、藍光

感覺：視覺

梵音：Ram

元素：火

元素的符號：紅色三角形

內分泌腺：胰腺

身體：消化系統、肝臟、脾臟、膽囊、膀胱

和諧的：鼓勵、創造力、獨立性、強烈的人格

不和諧的：肝、膽囊和眼睛的問題、倚賴、自大、焦慮

第四輪【心輪】：治療、愛、奉獻、關懷、無私

當心輪呈現清晰而圓的綠光時，顯示此人正處於一個開放、均衡、充滿愛心的心理狀態。他能正向、健康的處理與他人間的情感溝通。對於自己及他人，都能同樣的關愛，這是健康的。

　　若心輪呈現泥濘或者暗濁的綠色，顯示他的心封閉住，情緒受到壓抑或情緒高亢。藍光出現在心輪時，表示你過於用心表露自我。一個看來大而模糊古怪變化不定的心輪圖樣，表示有過多的情感付出給你周遭的人。若心輪小而有缺口，可能顯示他正經歷一些相當沉重的感情歷程（如人際關係的重大變化），此刻的他，需要試著將這負面能量放開或忘卻這些不愉快的事。

　　心輪的狀態通常和第二輪臍輪的狀態有關，透過此二輪，你能看到情感所帶來的壓力，致使心輪變大顏色異常，你可以試著讓客戶了解，他可以透過學習表達自己的感受，釋放情緒上的壓力，或在關心別人以前，多關心自己一點。此刻的他，自我充電及練習關愛自己是較重要的。

主要彩光：綠光、白光

感覺：觸覺

梵音：Yam

元素：空氣

元素的符號：灰綠色的煙

內分泌腺：胸腺

身體：心臟、肺、皮膚、血液循環

和諧的：愛、無私、慷慨、浪漫

不和諧的：呼吸和循環的問題、氣喘、貪婪、自私自利、
　　　　　猶豫不決、焦慮

第五輪【喉輪】：表達能力、創造力、溝通、靈感

　　當喉輪清晰而明亮時，顯示你能正確無誤地表達自己想表達的；若喉輪暗，形狀圓，顯示此人雖然能將想說的說出來，但實際上是違背自己意願的，譬如他明明想要卻不敢直說。你可依據喉輪的形狀及大小，作為他自我表達的量度。若喉輪變大，可能顯示此人正嘗試讓自己說實話，說出由衷的真心話。

　　混濁而小的喉輪，意謂此人並未真的表述自己的意見。如果他在情緒上有所轉變或重新評量自己，喉輪也能顯現出來；因為當人對自己沒信心時，所說的話通常也不大真誠，所以我們能一窺其貌。喉輪出現異常時，試著將你心中的想法寫下，是一個很好的幫助力量，寫下並真誠地看所寫的是不是真正的內心話，這對自我表述及自我治療有很大的幫助。

主要彩光：淡藍光、藍光

感覺：聽覺

梵音：Ham

元素：空，天空藍

元素的符號：如圖

內分泌腺：甲狀腺

身體：喉嚨、頸部、食道、說話的器官

和諧的：善於溝通、表達、創造力

不和諧的：氣憤、不善於溝通、厭惡每一件事、傳染病

第六輪【眉心輪】：直覺、心智和意志力、知識

當眉心輪呈清楚的圓時，應是呈現漂亮的紫或靛色。愈漂亮的形狀，代表擁有愈強的直覺力（第六感）。有時眉心輪變得非常小，顯示第六感關閉或有太多精神壓力抑制住直覺能力。你可以從此輪的大小及形狀，判定此人的直觀能力。問問客戶，他們是否會憑直覺行事並相信自己的第六感。

直覺的能量來自於第二輪（情感），因此，想擁有最大的第六感能力，必須先讓情感清澈無邪。對於標準的氣場紅光、橙光或黃光人，他們特別喜歡分析、邏輯、推論，但請記得這只是「感覺」的一部分，很多事不是有邏輯可循的。

主要彩光：靛藍光、淡紫光

感覺：直覺

梵音：Ham-Ksham

元素：以太

元素的符號：天空藍的圓形

內分泌腺：腦下垂體

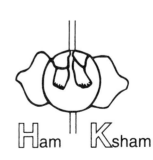

身體：眼睛、臉、中樞神經系統、身體的平衡

和諧的：受歡迎、直覺、高道德、思緒清晰

不和諧的：倚賴、欲望難以滿足、猶豫不決、不平衡

第七輪【頂輪】：智識和啓蒙、與知覺更高的層面連結、
　　　　　　　靈性

　　白而清楚圓形的頂輪圖樣，顯示此人與靈性的精神／上蒼
／神性／佛性之間，有很強的連繫力，代表此人自覺意識層次
頗高。若頂輪小而模糊，顯示此人需要靈性的修練。他可能用
腦過度（或太過心機），導致負面能量存續。建議他放下精神
上焦慮的事，注意自己的感受，這能提升自己的性靈。注意靈
性是去「感受」的，而不是用「思惟」的。另一方面，當頂輪
變得非常大，甚至大過任何一個氣輪時，代表他正全心投入自
己的生活現況，並且可能正面臨根本的需求。

主要彩光：淡紫光、白光

感覺：調整頻率到天賦的層面

　　　　（井然有序的體系）

梵音：Om

元素：太空、以太

元素的符號：千瓣蓮

內分泌腺：松果體

身體：腦

和諧的：和諧和整合的生活、開化

不和諧的：死亡、昏迷、完全沒有知覺

氣輪的判讀

　　你知道並了解愈多的色彩心理學和能量醫學，你的判讀將愈有自信、準確和強而有力。

　　在判讀期間，儘量透過發問的方式來與客戶溝通。指導他們，讓他看到自己的氣場現況，並且給他一些可能的解釋。通常，如此能很快拉近客戶和你之間的距離，開始親密地與你互動；更好的狀態是，他將與你一同探索當前他所遭遇到的情勢、情感，這對他了解自己目前的瓶頸有極大貢獻。

　　在某些特別的例子中，你會發現有些客戶可能不大希望與你有深度的互動，但你可以透過你所見到他的每個氣輪狀況，告訴他你所知道的意義。問問他，是否對你正在說的事覺得有意義。如果你很清楚並正確地知道每個氣輪及彩光的意義，通常，客戶將指出你所說的每一件事都是正確的，縱使他事先沒告訴你任何事。有時，一般人也不大知道自己可能正在經歷的內心世界，但通常仍能感受到心境正產生變化。他會思考你所解釋的，這也刺激他產生正向的自覺，提高警覺。隨著你精確的判讀，也讓客戶對你建議對他可能有所助益的產品，更有信心。

　　客戶顯示出的氣場能量影像，直接告訴你他目前的感情及身心現況，他所面臨的壓力和改變，直接透過氣輪急速旋轉變化不定的模式告訴你。一個相當均衡的能量氣場影像，所呈現的色彩穩定而清晰明亮，與混濁的氣場彩光形成明顯對比。

　　注意身體周遭的氣場大小。當氣場大到「破圖」（氣場的

邊界超出螢幕中的影像框，看來被截邊之形狀）時，代表這個人精力、能量和權勢極盛。有時，有些人的氣場小到只貼著從他的頭頂到腳。小的氣場領域可能意謂著他們的至關重要的生命精力狀態不佳，特別是他們正經歷一些較大的變化時。如果腳部的氣場看來能量小而不足時，顯示此人可能基礎不好。

有時你會看到頭頂氣場周遭有一圈戒指狀的黑圈，顯示此刻他的能量因受阻而隱縮起來。他會變得內向、不想和別人互動，身心感到不諧調、耗盡、混亂或沮喪。他同時可能感到陷入困境，有極大的挫折感、失意感、不如意感。當你問客戶發生什麼事時，要很謹慎，問問他是否正感到焦慮不安，並引導讓他根據自己氣輪的模樣，來解析自己。

氣輪將反映出一個人是處於均衡、受壓、改變或遽變之中，你也可以同時檢測，不同氣輪在不同環身部位的氣場現況，也就是氣輪搭配氣場同步判讀。愈清晰的氣輪色光、愈圓、外圍形狀愈明確，代表愈均衡和協調。從位於脊椎底部海底輪紅色的氣輪開始，不同振動頻率的氣輪以彩虹般的光譜分布逐一向上，最終到達以紫或白色為主的頂輪。

當人生活發生變故、心境轉變或情緒上有遽變時，氣輪就會呈現模糊不清的多邊形、長方形等，實際上也真的可從外觀看出他有點不對勁，他的氣場彩光將是不均衡或同時有許多光或有氣場破洞的現象。

第 *6* 章

彩光

色彩與知覺

大部分人很少注意到，自己在日常生活中與色彩間的互動。你是否注意到，在生命中的某些階段，你所喜愛的衣服和環境的主要色彩改變了？一時的心情變化，會如何影響你選擇衣服的色彩？任何曾經清楚意識到色彩的力量並運用的人，都會了解與變幻彩光間的互動是多麼簡單、有趣。

你可以測試自己的感覺，譬如，穿上黃色的衣服，是否感覺到跟穿紅色衣服時的感覺和想法不一樣？你也可以在朋友身上試驗一些特定的色彩。當有人穿上清爽的藍色時，那個人是不是也有種冷靜、安靜或內斂的傾向？在不同環境下，你會發現色彩與當時所處的情境相符。例如，為什麼大部分人去迪斯可舞廳或夜店時都穿著黑色、淡紫色或深色的衣服？

色彩選擇的藝術，能夠教育我們關於生命中的奧妙，也能幫助人增加對自己的認識。

色彩光譜

就像前面解釋頻譜一樣，所有物質最終呈現的模式，都會

以振動形態來顯現，而每一振動都與其他頻率有關連。聲音、色彩、熱、光和磁等，都只是在振動頻率上和所用來進行的媒介質不同而已。讓我們看一下頻譜的其中一部分：

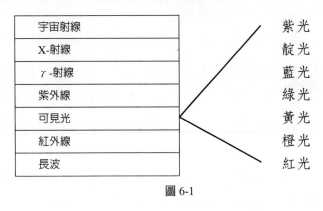

圖 6-1

　　關於在已知的頻譜中，有一個非常小的波段頻寬，是我們可以用肉眼察覺到的波長——稱「可見光譜」。這波段可分為紅光、橙光、黃光、綠光、藍光、靛光和紫光。

　　這些彩光的不同處，在於頻率和波長的不同。可見光的波長改變，從紅光約740奈米到紫光約400奈米的範圍間。肉眼只能察覺到落在這個範圍內的彩光。紅光有最長的波長和最低的振動頻率；紫光則是可見光中波長最短而振動頻率最高的。在可見光的光譜外，科學家還發現了紅外線在光譜的一側，紫外線則在光譜的另一邊。可見光和不可見光都能對人體和心情有很強烈的影響。

　　色彩療法上，可見光譜的彩光頻率被用來改變某種身體的生理或情緒狀態。治療的方法也有機會用不可見光的部分，像

是紅外線、X光、電磁或生物學能量的射線（bioenergetic rays）作為診斷和治療。

色彩療法

　　著名的醫師和自然科學家帕拉塞爾瑟斯（Paracelsus，西元1493～1541年）是整體醫學療法的創始人之一。對帕拉塞爾瑟斯來說，疾病是一種整體的狀態，它意謂著生物體內產生的混亂。「dis-ease（不一舒服）」是一種狀態，這種狀態——如同今日所認知的，並不是許多症狀的累積，而這種累積就被列為不同的「不舒服」。畢竟，生物的平衡和諧狀態不會被稱為「許多部位都健康」，而是談整體上的「健康」。

　　根據帕拉塞爾瑟斯的看法，其實並沒有疾病的存在，只有生病的人。因此，並不需要針對特定疾病（也就是症狀）開立藥方，取而代之的，是醫師必須激發出所謂的「患者」身體的自癒力。經由選擇正確的治療方法，在對的時候，整個人（身、心、靈）都將變得平衡。

　　德國詩人歌德曾經研究過色彩的影響力，在他的著作《色彩理論》中，記錄了其相關實驗和研究。歌德深信色彩的重要性和對人類身心的影響，他也相信色彩和感覺有緊密的關係。

　　色彩療法常被用在激發生物的自癒力上。在過去幾年中，對於使用彩光的認知，戲劇性地增加了，這同時呈現在每個人的生活中或一些專業場合（像辦公室）上。老闆在工作場所選擇某些彩光和形狀，為的是要增加員工的生產力，並創造出一

種愉快的工作氣氛。許多人只有在穿著特定彩光的衣服時，才會覺得舒服。

　　敏感的人會有意識地去選用服裝的色彩。在穿著衣物時，紅色的衣服會有一種溫暖或刺激的效果，藍色的衣服會造成人際關係上的某種距離感或難以親近的感覺，黑色或深色的衣服則常會被一個對自己還不太了解的人不自覺地穿上，而這些人有著自我認知上的問題或對內心缺乏自信。有些彩光則可能會引發侵犯感或令人不舒服。

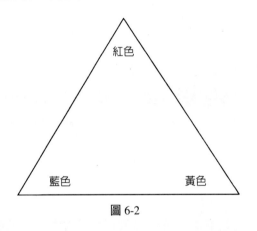

圖 6-2

　　當我們把三種光的主要彩光──紅色、藍色、黃色混合時，將會得到另外一個色彩頻譜：

　　紅色和黃色混合變成 橙色，

　　黃色和藍色混合變成 綠色，

　　藍色和紅色混合變成 紫色。

　　當將所有的色彩都放在同一個圓形圖裡，可以呈現出色彩

的第一定律。

第二層的色彩——橙色、綠色和紫色，是由各兩種主色（紅色、黃色和藍色）混合出的結果。互補色永遠會位在這個圓形彩盤的對角位置。紅色的互補色是綠色，黃色的的互補色是紫色，而藍色的互補色是橙色；反之亦然。紅色、橙色和黃色被視為暖色系，藍色、靛色和紫色被視為冷色系，而綠色則是中性色。

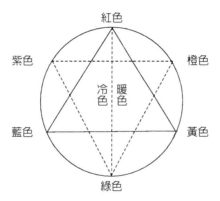

彩光代表的意義

在色彩療法和氣場療法中，色彩與特定的能力或特質有關。彩光會對生物產生某種治療或刺激作用，色彩同時能使人感到哀傷或心情愉快。

本章中所提及的彩光相關訊息，可視為一般性的參考，不過這並不是標準或固定不變的。彩光與個人的關連可以來自於

個人經驗、氣場顯像攝影、色彩療法或從特別敏感的人（具靈視者）處得知。許多這方面的專家，提供其在各自研究領域中所發現的色彩特質和關連性。

對一張氣場圖的詮釋，色彩和其間的關連、特質，在詮釋時扮演非常重要的角色。下面所列僅是作為一般的概論，既非獨斷的表示已臻完備，也不代表在醫療上絕對有效。萬一生病了，還是應該去看醫生或是詢問自然療法的醫生。

首先是暖色系。在色彩療法上，單獨的彩光與身心的關連都會被考慮到。

紅色：第一氣輪【海底輪】

紅色代表了「火」元素，而火對所有生命的生存維續非常重要。沒有火（熱能、溫度），一切都會結冰，沒有熱，行為和活動都將是不可能的。紅色在色彩療法上的應用，是當個人生活需要力量或需要接受一些刺激、需要更新活力時，也就是切斷的生命能量需要再次活化且和諧地流動時，就是紅色發揮的時候。

紅色光線能刺激體內的肝臟，和促進血紅素（紅血球）形成。紅光產生了賦予肉體生命和能量的熱，活化了血液循環、腦脊髓液蛋白和交感神經系統。它阻止了感覺中樞神經——聽覺、味覺、嗅覺、視覺和觸覺——方面的問題。

在色彩療法上，紅光可刺激新陳代謝並形成淨化作用，它能溶化血液的阻塞和凝塊，擴張血管並造血。但若過度應用，

紅光可能引起發燒和發炎。因此大部分時候，紅光會與其他彩
光，特別是藍色，一起使用。不能提供過多的紅光治療給那些
發燒、發炎、情緒不穩、高血壓或是臉部發紅的人，因為在這
些症狀裡，其體內已經有太多的「紅」（火和熱）。

相關器官：心、循環、性器官、腎臟、膀胱

性格：暴躁易怒

心理特質：

＊和諧狀態：生命力和身體健康、意志和力量、堅強、警覺和
　獨立、情緒化（從絕望到充滿喜悅）、積極、自動自發、領
　導才能的天性、外向、熱情及如火般的脾氣、勇氣和激情、
　性感和情慾的散發、天生具有火的特質

＊不和諧狀態：激烈、憤怒、沮喪、迷惘、暴力、破壞、復
　仇、叛亂、性急、強橫和專制的天性、瘋狂、過動、緊張

橙色：第二氣輪【臍輪】

　　橙色是紅色和黃色混合的結果。橙色像紅色一樣是暖系色
彩，因此對生物具有刺激的作用。在色彩療法上，橙色用來治
療氣喘、支氣管炎和其他呼吸道問題及肺部問題。同時橙色還
維持鈣的新陳代謝（鈣在分色鏡上的色彩是橙光）。橙色對身
體有一種放鬆和抗痙攣的效果，它能輕微地刺激並維持血液循
環暢通。

　　在心理應用範圍，通常是被用在當生活中失去了快樂和樂
趣，需要重新激發出這些力量的時候。橙色結合了身體的能量

和心理的特質。橙色特別與脾臟及胰腺（第二和第三氣輪）有關，加強了以太體或生物能量。它有一種抗抑鬱和抗昏睡的功能，加強新陳代謝並促進健康。

相關器官：消化系統、脾臟、胰腺、腎臟

性格：樂天與暴躁的組合

心理特質：

＊和諧狀態：聰明活潑、分析的思考、自信、創造、有很多想法、心理概念佳、自我療癒能力佳、內在和外在的溝通佳、事業興旺

＊不和諧狀態：無知、傲慢自大、侵略性、競爭性的思考

黃色：第三氣輪【太陽神經叢】

　　黃色促進運動神經活動，並因此誘發肌肉的能量。既然黃色是紅加上綠的混成色，因此它分享了紅色的刺激能量，也有綠色的再生能量。黃色較無助於神經和腦部，在色彩療法上，黃光治療被應用在心理問題上，像憂鬱、對生活感到消沉和疲倦等狀況中。

　　黃光代表了明亮和歡欣，黃光使人有朝氣並讓人覺得安慰。黃光控制了太陽神經叢（第三個氣輪）和消化系統。黃色的光線對吸收器官——肝、腸、胃、胰臟和膀胱有正面的作用。黃光治療可以促進經由肝、結腸和皮膚的淨化和排除髒物，並可預防疾病，它能增加分泌、加強神經和消化能力、刺激胃液和淋巴的流動，並淨化血液。

相關器官：肝、膽、胃、腸、肺、前列腺、甲狀腺、支氣管

性格：樂天

心理特質：

＊和諧狀態：有組織能力的天分、才華洋溢和強烈的個性、有
  教養、有知識、具管理能力、誠實、和諧、學習能力佳、事
  業型的思考、科學家、商人、從政者

＊不和諧狀態：多疑而愛挑別、固執、自私、玩世不恭、情感
  上的控制慾、無知、偏執、懶惰、悲傷

　　所有暖色系的彩光（紅色、橙色、黃色）皆具有活動力的
特質，因此多與陽性特質有關（雄性、正面、主動、火、
熱）。寒色系的彩光（藍色，靛色、紫色）則比較傾向陰性力
量（雌性、負面、被動、水、冷）。綠色則是中性色。

綠色：第四氣輪【心輪】

　　綠色是氮氣的色彩。氮氣是大氣中的主要成分，占了百分
之七十八。骨骼、肌肉和其他組織的形成都需要氮氣。綠色代
表了平衡與和諧，象徵了自然、和諧的循環，綠色是主要的治
療色，代表了休息、休養、復元力和再生。

　　在色彩療法上，綠色主要被運用在安撫創傷、平衡不和諧
的振動。綠色既非酸性亦非鹼性，對於交感神經系統、平衡血
管中的張力，並降低血壓，有特別的功效。

　　綠色被認為是穩定情緒的彩光，而且是腦下垂體的興奮

劑，可以安撫自主神經系統、預防失眠、注意力不集中和過度
疲倦。綠色具有平衡、安撫的作用，可以促進身體對氧氣的吸
收，是屬於能量、年輕、成長、希望和新生活的彩光。

相關器官：肺、支氣管、肌肉、骨骼

性格：鎮定的

心理特質：

＊和諧狀態：接受、希望、擴展、成長和改變、新生活、身體
　的一致性、靈魂和心靈、與自然的結合、溝通、演員、園丁
　和農夫、博愛

＊不和諧狀態：猜忌、悲觀、抵抗、嫉妒、感情脆弱、發牢
　騷、膚淺

藍色：第五氣輪【喉輪】

　　雖然藍光在色彩光譜上有最高的能量，對萬物卻具有極大
的鎮定效果。藍光是最純粹、最冷和最深沉的彩光，代表了休
息、休養、放鬆、睡眠和再生。藍光解除了由神經引起的神經
質和器官的不適。

　　藍光是更年期不適症最重要的治療色，它拉緊組織並防止
腫瘤的成長，是冷的和導電性的，具有收縮的特質。對於發
炎，藍色可以產生放鬆和消炎的作用，同時還是冥想、靈性的
成長、直覺和較高的心靈特質的彩光。

　　喉嚨的氣輪，是創造力的位置，由藍色控制。一次太久的
藍光治療，會使有些人感到疲倦甚至沮喪，這也可以由藍色的

衣服或家飾所形成的心理狀態觀察到。

相關器官：感覺器官、神經細胞、腦、脊髓、皮膚和頭髮

性格：憂鬱的

心理特質：

＊和諧狀態：愛、智慧、真誠、信任、文雅有禮、內在平衡、
　安靜、注意力集中、誠實、沉默、安全感、耐心、諒解、合
　作、敏感、卓越的、忠誠、神的意識

＊不和諧狀態：含蓄、退縮、恐懼、憂慮、孤僻、消沉、悲
　傷、被動、情感冷酷、缺乏興趣、自憐

靛色：第六氣輪【眉心輪】

　　靛光歸類在寒色系光譜裡，是因為它具有冷靜的、導電的
屬性。靛色淨化血液循環，經由第六氣輪（性靈的能量中心或
第三眼）控制了微妙體的超自然能量流。在身體、靈魂和靈性
層面上，靛色影響了視覺、聽覺和嗅覺。

相關器官：耳朵、眼睛、鼻子

性格：鎮定與憂鬱的組合

心理特質：

＊和諧狀態：靈感、一致性、安靜、平衡、綜合、治療能力、
　信仰治療、內在沉默、上帝的視野、對氣場具敏銳的洞察
　力、教士、心理學家和社會工作者

＊不和諧狀態：驕傲、自負、有所克制、對生活採取極權主義
　的態度

紫色：第七氣輪【頂輪】

在色彩療法上，紫色被認為是一種具有啟發靈感和精神性的彩光。達文西說過：「經由『紫羅藍』的應用，冥想的力量可能會提升十倍。」紫色與第七氣輪（松果體）對應，具有強而有力的治療特質。

在色彩療法上，紫色能刺激脾臟、增加白血球的製造，以及淨化血液。

心理特質：

＊和諧狀態：奉獻、直覺、創造性、靈異能力、吸收超自然資訊的能力、理想主義、冥想和反射性態度、變革和超然

＊不和諧狀態：不公正、烈士、鬼迷心竅、偏執、無能、懲罰、妖術

白色

光譜上所有的彩光最終結合成白色的光。白色的陽光涵蓋了整個光譜，從紅—橙光到藍—紫光。在某些情況下，我們能看到白光中所具有的綜合彩光，比如彩虹，或當光線落在稜鏡上的時候。許多療法和冥想的形式，會採用白光當作治療或知覺轉換的媒介。

心理特質：

＊和諧狀態：靈性、光能、強烈與精神的連繫、純淨和清晰、所有彩光的結合、知覺的更高面向、天賦具備的能量、啟蒙

＊不和諧狀態：與大地太少接觸、白日夢、能量太過度集中
（能量的增強，痛苦）、失控能量的累積

彩光的特質

　　彩光的詮釋絕非固定不變或絕對的，能量總是會由特定的
樣式呈現出來，但每個人的起因則有可能不同。舉例來說，在
你的氣場中強而有力的黃光，代表了一個活躍的太陽神經叢中
心。但是你會呈現擁有活躍的個人能量、自我認知和智力，成
因極其多元且複雜。像你可能是經營公司的老闆，隨時需要散
發出自信和力量，或者正領導一個需要你運用全部知識的科學
研究。但另一個可能是眼前的你，正試圖用加倍的努力彌補缺
乏的自信心。所以我們將意識到，在氣場裡會出現黃光的許多
不同因素。除了此處概略描述的知識外，銳利的敏感度和發展
成熟的直覺，都有助於對氣場更加完整的詮釋。

　　此處對色彩的定義並不意謂著要用來判斷，不管是正面還
是負面的解說，都應該被當作是中性的能量來看待。活潑、激
情和陽剛，都沒有好壞之分。當我們提到「活潑」，基本上是
一個好的特性；然而，太過動卻可能導致過大的壓力或緊張。

　　同樣地，「理想主義」也是這樣。一方面，典範能給我們
方向和道德，另一方面，理想主義也可能變為狂熱和固執。所
以，在彩光基本的形式上，能量總是中性的。人們是如何運用
和實踐自己的能量，取決於其知覺狀態。

　　每個人和彩光都有不同的關連。因此，色彩需要單獨地被

解讀。當要求一群人去想像藍色時，每個人所想的「藍」都會有一些不同，而且是因不同的個別經驗去聯想。對某個人來說，紅光有所謂「正面的」意義，但對另一個人卻可能形成負面的感受。尤其在氣場顯像攝影上，色彩的關連必須主觀地來看待。以下將經常出現在氣場中的色彩，簡短地說明，你可以參考若出現某種顏色時有什麼意含。

紅色：活潑、外向、行動力、生命力、健康、情緒化

亮紅色：喜樂、情慾、性感、激情、敏感、陰柔、愛

暗紅色：活力充沛、意志力、陽剛、狂熱、憤怒、領袖氣質、勇氣、欲望、敵意、忿恨

深咖啡色：自私、不可愛、率直、沉迷、疾病、破壞

橙色：聰明活潑、自信、生命的喜樂、樂於表達、幸福、溫暖、激動、胸襟開闊

橙紅色：欲望、愉悅、行動派、理想主義、驕傲、虛榮

橙黃色：過人的聰明、自信、刻苦耐勞

黃色：聰明而理性、天生條理分明、有教養、品格良好、自負

亮黃色：開放、輕鬆、頭腦清晰而聰明、強烈的個性、生氣勃勃

黃棕色：穩重、現實、節儉、緊張、嚴格、受控的、吝嗇

綠色：成熟、改變、自然、忠誠、安靜、中立、愛

黃綠色：同情心、憐憫、溝通、平和、坦白

深綠色：表達、扮演自己、適應力、生命力、狡猾、詐騙
　　　　或欺騙或奸詐、物質主義

藍色：內向、深沉、冷靜、孤僻、真實、忠誠、智慧

淡藍色：忠於理想、溫和、宗教信仰、孤僻、謹慎

靛色：治療能力、仁慈、沉默寡言、嚴肅、小心、道德
　　　　感、追求利益、物質主義

紫色：直覺敏銳、藝術性、創造力、超自然能力、信念、
　　　　想像力、非物質性、沉默寡言、神祕感

淡紫色：神祕主義、魅力、深奧、鬼迷心竅、不寬容

粉紅色：敏感、情緒化、陰柔、感情脆弱、欲望、溫和

白色：高度發展的理智、靈性、神性眼界、較高的知覺、
　　　　作夢、建立能量、痛苦

氣場形狀

　　除了彩光之外，氣場的形狀在詮釋上也是非常重要。單只考慮色彩是不夠的，若經由加上對能量場形狀的判讀，才能對這個人有更精準的了解。透過累積許多氣場照片判讀的經驗，氣場分析師知道氣場的形狀，會呈現出一個人的基本傾向。一個非常接近身體的氣場，象徵此人有強烈的沉默寡言或內向傾向，通常會與能量場內的藍光有關；一個向外擴展的氣場，通常指出此人具備了強烈的能量、活潑和外向。

　　如果在身體特定部位或氣輪周圍，發現有能量異常集中的現象，顯示這個區域的能量型態是較為活潑的。例如，當氣場

形狀顯示主要集中在喉部周圍，即代表喉輪正有意無意中受到更多的關注及運用，通常可能代表了一股和諧的能量形成（展現出良好的溝通和表達力），但也可能呈現失衡的問題狀態（產生說話障礙、緊張和壓抑自己），在這一區的緊張或問題，有可能是能量流減少所致。無論如何，氣場會依據一個人的現狀而改變。我們的經驗顯示，任何氣場都會有一個獨特的、主要的重點保持著，如果一個人的頭頂部發現有能量活動特別活躍的情況，則他所有的氣場照都會出現某種特定圖形。

氣場的改變

電磁能量場可能會以相當快的速度不斷改變。氣場彩光可能在幾分鐘內從紅光變成紅—黃光，或從紅—白光變成紅—紫色。氣場不是固定不變的，而是隨時都有可能變動，不管是短暫的還是長期的。

一個人的電磁能量場其實受到了多方因素的影響，不管是源自於內在或外在的。採用科技技術測量程序的高電壓克里安相機和氣場攝錄儀，都能讓你看到這些變化因素對氣場的影響。許多敏感且具有看到氣場能力的人，也都曾提出類似說法，並對氣場形態改變的現象提出深入的詮釋。

像空氣、食物品質、飲酒、環境改變、他人影響，和沉重或輕鬆的氣氛等，都能夠引起氣場的改變。當人們見面時，彼此間會互相交換一些能量。一個具有很強氣場的人，能不自覺地影響那些氣場比他弱的人，不管是正面或負面的能量。氣場

強的人會將自己的色彩能量，強加在氣場弱的人身上，從而對他們產生強勢的影響力。像一個正展現強烈性格的人進入房間時（像喜上眉梢或怒氣衝天），這個人不用說什麼或做什麼事，就會立刻成為眾人注意的焦點。好的吸引力展露時，通常我們會稱這個人具有獨特魅力，只有少數人會注意到，魅力是真的存在，而不僅只是一個抽象的特質。

一群有相同興趣的人，常常會形成一種群體氣場（我們常說的「氣味相投」）。這是由於所有的人都處於相同的共振頻率，也就是說，把各自的身體、情緒和心靈調整到相同的頻率，整體電磁能量場和諧地振動著，所以大家的氣場彩光就會變得極為類似，我們能在一些社交場合觀察到這個現象。

當然，一個人的情緒和心靈的態度是非常重要的，而這些態度會顯露在氣場光中，氣場光受心靈體的想法和肉體及以太體的生命質量強烈影響。克里安攝影術能夠顯示出負面想法會對人產生多大的阻礙作用，而正面的想法又會呈現不同的良性力量。

那些能用肉眼看到氣場的人，一再地提出像是想法、感覺、食物和環境等因素，會直接影響到能量在身體周圍的散發狀態。當我們在跟某人談論到對自己情緒或心靈有影響的事情時，氣場也會隨之改變。

還有，氣場會在你不自覺的狀況下有了改變。隨著一個人的長期和短期間內的現況，會形成特定的密碼彩光（也就是環身的氣場主要彩光），而每個人都隨時處在不同的學習階段或

知覺的階段。注意力可能會有意或不自覺地在生命的不同面上恣意遊盪，然後引發了氣場結構或色彩的改變。當我們在睡眠時作夢，此刻的知覺會處於「靈魂的」或「夢境中」的狀態，而你也許並不知道。同樣地，許多人在白天的時候冷漠而茫然，也因此很難注意到自己的狀況。

在某段對話中，一個受過訓練的觀察者，有時會發現，被檢驗者的注意力並不是在當下所談的話題上，而是要面對一種潛在背負的情緒困擾，比如跟他媽媽之間的爭論。在這種情況下，意志上的心其實並不是注意在眼前的主題上，而是迷失在過去的感覺裡。

如果跟那人提起這個內在的經歷，他會發現往往並沒注意到自身的離題狀況。同樣的問題也發生在精神領域。如果原本意識清楚的心無法鎖定在特定的主題上時，那麼注意力就會漸漸飄流到一些過去既定的慣性思考模式中。

舉例來說，當與一個長期財務有問題的人談論到金錢時，他們舊的思考模式可能會反應成直接的反應：「我沒錢，因此我必須要吝嗇一點！」而這個人的行為舉止，也會根據這樣的思考模式來表現。

大部分的人都很難完全不受情緒或情感的影響，而專注於一件事情上，即使只是幾秒鐘或幾分鐘而已。你可以試試看，拿著一根蠟燭，嘗試集中注意力在火燄上一分鐘，不要想什麼或感覺什麼，往往練習者會發現在一開始的時候，集中注意力、不分心其實是很困難的。

　　與更高知覺整合了性格的人，不太會讓各種內外在的環境影響他們，這也會在這類人的氣場中展現。他們的氣場會呈現和諧地散發狀態，正面地影響周遭的環境，這樣的氣場同時也會形成保護作用。

　　氣場弱的人，自然其所散放出的能量場就弱。當身、心、靈平衡時，此個體會被強而有力的氣場包圍著，這穩定性有利於幫助我們擋開環境中不和諧因素的影響力。

　　環境的問題和「內在心靈」的污染日漸增加，而我們的生活狀況也在改變中，因此每個人都應該擁有讓身心靈平衡的目標，這會創造出一個很強而有力的電磁能量場。

　　還能用什麼樣的例子，來了解許多人具有正面、迷倒眾生的力量和魅力呢？或許我們應該了解看看「聖人」的現象了。

　　一個「神聖的」或「綻放光芒的」人出現時，你會感覺到強烈的愛與和平，這種感覺無法用理智來了解。像這樣散發出神聖特殊氣質的人，即使沒做什麼看來偉大的事情，但單純地只由於他們不可思議的氣場能量，就能讓每個在其附近的人都能夠感受到。

　　氣場顯像攝影已經能夠經由科技技巧，以視覺方法首次確認這些人的陳述。氣場攝影能夠顯示出環繞在人身體周邊的電磁場，你將能把那些能看到氣場的人的陳述，跟人體氣場攝錄儀的報告做更進一步的研究、比較，並因而看透存在於人體的微妙電磁結構。

正向或負向的氣場？

棕色和暗沉的顏色表示微弱的能量，灰色和棕色也不是很正向的氣場，但每道氣場彩光都有正向和負向的效應，並沒有哪一個是特別好，只是特性各有不同。

請記得氣場圖會反應一個人內心真實的想法，所以十個經歷相同狀況的人，氣場圖可能完全不同，像有些人較不容易受到外在壓力或噪音的干擾，氣場相形下就較為穩定。

氣場改變的頻率

氣場改變的頻率和人的振動速度相同。例如正在念書和大量用腦的人，氣場通常都是黃色的，他們需要邏輯及理解力，且無暇顧及其他的事，所以氣場應該可以穩定數週至數月。如果有人的氣場呈現紫色，表示他非常敏感且對內在的感覺很敏銳；不過，如果他無法維續與自己的內在連繫，此人的氣場在數小時之內就會產生改變。

氣場在治療或冥想的前後也會產生很大的差異，如果受過這類連結訓練，就可以專注於內在並保持冷靜，這樣的改變就很容易看得到。但其實在一般狀況下，只能改變自己的特有光譜，綠光人通常能經歷整個光譜的範圍，紫光人和紅光人的氣場通常會很平穩。

氣場來自人體的振動，就是靈媒可以看到且氣場攝錄儀也可以拍到的彩光。也就是說，人體的振動是看得見的。彩光的

差異取決於振動的速度，振動得愈慢，彩光就會愈強烈，例如：振動最慢的是紅光，最快的是白光。氣場和氣輪代表的彩光意義也可互相結合。氣輪是身體的能量中心，假如你的振動屬於某個彩光，通常表示你正專注於身體的某個部位，例如，黃光人表示此人身體的胃部及第三氣輪正在積極運作或開啟，因而有著黃光的特質，此時的他或許正試著想獨立些，並且想要更多的自由。

如何改變或平衡氣場？

改變不如想像容易，但也不是不可能。通常人的氣場會改變，但別忘了氣場就如液體一樣，也不是固定的。例如，如果有人的氣場呈現從紅光至黃光間，但突然變成深紫色，我確定這個人會知道為何有如此的變化產生，且可以說出自己的經歷。但如果只是從綠光變成藍光，則因為振動類型十分相似，可能不會覺得有太大的不同。

「平衡」（Balance）指的是調整氣場的平衡度，並使其維續一段時間。這和彩光顏色沒有關係，重點是清楚的顯示了每個人的可能性和對未來的規劃，也象徵調整了身、心、靈的和諧與平衡。可以利用穿著的顏色及適合自己氣場彩光的水晶，來平衡氣場。冥想對於七個氣輪活化與平衡很有助益，尤其是加上深呼吸的練習，可以想像白水晶的光環繞在自己身邊來結束冥想，也可以想像被彩光的光幕圍住，或想像那些你可能需要的人。

　　我常常在眉心輪上放一顆水晶，然後躺在床上放鬆身心，這樣做可以很容易進入深沉的睡眠。但不要忘記，每種彩光都有其正向及負向的特性。

第 *7* 章

氣場與生命能量

　　我們生活在一個日常生活中充滿了豐富資訊和能量的時代，顯然地，人類已迎向一次新的變革，通常被稱為資訊或電子世代。你可能很難想像活在一個沒有電視、電腦、電力、電話或傳真機等電子儀器的世界。在當前的世代，你每天頻繁地使用這些不可思議的電力儀器，卻從沒深入地思考它們。

　　透過這爆炸性的研發科技和各種各樣相關技術的發展，我們的行星跟過去比起來，已相對變得小得多、近得多。你身處的世界，已在很多領域、面向都緊密地相連一起。各種技術和知覺意識不斷交互作用，並聚焦於讓我們更加了解，及實際應用在每天的日常生活中，未來幾十年內，這發展將不斷地演進。毫無疑問地，現在的你能很方便的透過電話、傳真或數據機，撥給在行星另一邊的朋友或商業夥伴，超級資訊流或網際網路，證明了全世界的人們都可以將自己的願望或經驗，與世上任一個人交流、分享，這行星已變成無國界的世界村。

　　我們已漸漸地接受自己與環境相互關連的事實。我們呼吸相同的空氣和喝著相同的水，居住的環境正戲劇性地改變，放射性物質或煙塵不會停在某國家的邊境上，很多影響是跨國界的。科學告訴我們，人是由相同的原子、相同的資訊和能量所

共構而成，我們也活生生地居住在宇宙巨大的訊息和能量場內。我們存活在一切皆交互作用的地球行星上，分享同一筆遺產和歷史，我們都是地球家園的一份子。

氣場控制有助於讓你意識到，每一個體都與其自我、個別環境、自然及與其分享生活的人有關。內在動力，簡而言之，表明每一個體均與所有人相互關連，每一個人也都將分享彼此的內在，但世界並不僅只是外在環境彼此相互關連。

如果你看向自己的內在世界，將看到一個實際上尚未多所探索的巨大宇宙。探索內在的身心靈世界，或許是人類所面對的最大和最重要的挑戰，而這內在世界與我們的外在現實環境息息相關。

電腦透過網際網路彼此相連；人們則透過自己的內在網絡與他人相連。在你內在能發現一個令人難以置信、驚嘆，並充滿豐富資訊和能量的內在網絡世界。如果你對自己內在充滿動力的狀態，有興趣察覺和理解，就必須開始向內探索。

讓我們開始探索氣場控制，和更進一步了解身心及能量間的關係。

我們是一部人形生物能電腦嗎？

透過清楚電腦運作的型態，我們將輕易地看出，作為人是如何運作並與他人形成關連。

身體＝硬體

心理＝軟體

心靈＝程式工程師

你可以問自己，我真的是人型生物能電腦嗎？

你可以發現電腦裡的運作與人運作的功能及形態，其實十分相似。電腦硬體有電線、電流、中繼站等，就像人的肉體器官一般。在一台電腦裡，主機板相當於人腦的作用；你也將找到運轉整個系統串聯彼此的各式電線和電路，這可比擬為人的神經系統。

電腦硬體由不同密度、材料的物質組成，像從矽、鐵到塑膠和電及微電流等。自然，電腦雖不是人，但是你已經能看見一台電腦的基本架構，其實和人體非常相像。

如果沒有肉身或者人型硬體，我們就無法活動、移動或在三維空間和物質世界內做任何事情。如果你擁有一個非常強壯的固態肉身／硬體模組，你就能做非常多的事，擁有更多功能並且更迅速地行動。脆弱或者慢速的硬體，難以支援你的日常生活工作。不過，我們無法丟棄自己的硬體或用新的替換它。縱使醫學和科學已進步到能替換很多人體器官，但我強烈地相信，人們如果想創造一個充滿動力並能持續因應改變的身體，就必須理解內在身心靈間的串連。

你能在具備不同功能的程式軟體中，看到與人類心智間的相似性。人類心智的多元變化結構及行為系統中，有些行為和軟體運作很像。程式化的軟體和人類的心，都能決定在某些情形下將採取哪種行動。這兩者都能對所輸入或者收到的訊息，給與一個清楚、明確的回應。因應不同變因，軟體程式和心智

作用，都將創造出不同的行動或者結果。

　　心智中的一部分會回應在組織力和結構性上，有些部分則獨特地單獨執行某一個特定作用，有的則僅和溝通有關。但心智其實非常明確且確認的，並不受限於單一、分析的思考（或其他類似狀況）中。心智能創造並帶來更多豐盛的禮物，像創造力——一種開創新事物的能力，帶我們迎向挑戰，帶來莫名卻又令人興奮的創意。

　　為了開創創造和創意，你能使用源自於既直覺又富於想像力的更高心智。你的心智或其本身都像充滿奇蹟般，擁有超乎你想像的更多力量。人類心智同樣能察覺以及傳送感覺及情感。感受激情，感受愛，以及串連在每一個人心中的悲憫之心。這清楚地表明心智與肉身間強烈的連結性。「E-motions」代表「能量在動」（energy in motion），就好像人類身心間強而有力的整合。

　　任何人的心智都和軟體一樣，你必須先予以程式化設定或指定應用何時將中止。好消息是在任何規定的時間，只要藉由適當的工具及努力，這兩種程式都能被重新設定。要知道最重要的是「學習」，學習能帶來在電腦程式裡或在我們內心裡的根本改變。

　　你必須問自己的問題是，心或軟體最終的目的為何。十分顯而易見的是，你並不曉得。這顯示出你應當找到控制設計此程式的工程師、創造者，以回應這所有的疑問。

　　事實上，軟體的程式只能被動的被給與其意義或生命。電

腦只能被動的執行特定要求的功能。程式設計師才是給與不同
程式功能及應用的人，也是給與電腦執行特定命令的人。程式
設計師不但設計、組織並程式化自己為特定硬體目的所設計的
軟體。

　　電腦的使用者常會以為，正在使用的電腦似乎知道一切或
其擁有智慧。但實際上，這是軟體程式設計師所給與程式的特
質。設計師是真正給與電腦生命的人，他可獨自決定使用何種
工具、配備，並履行其想執行的各式各樣具體及特定的功能。

　　今天，我們可各自思考相同的想法、經驗、相同情感以及
過去所做的一切相同信仰。這些想法、信仰和情感形成一股基
礎之力，並且藉由我們的潛意識和超心靈層面中散播著，它帶
來直接的開創性並影響我們的未來。

　　人體氣場被認為包含著個體過往的一切訊息，也含括了當
下及未來的能量場領域。理解我們的氣場彩光，將提供你重新
開始程式化自己身心靈的依據。

　　如果你經歷了某些想法和情感，你要問自己，誰是這些想
法或情感的經驗者？想這些事的是誰？誰是幕後的決策者？又
是誰做了這些決定？如果你能看清並且觀察自己的身以及心，
邏輯上，你將發現一個超越了你的生理及心理，我們稱為「心
靈」的部分存在。

　　我們身為強而有力、靈性的生命體，具有獨立創造及設計
自我生命程式的能力。日日夜夜每分每秒，不管醒時、睡時，
你都不斷地設計和程式化自己的身心。經常有很多人會認為我

們自己就是無可改變的計畫本身，或者無法控制自己發生的一切感情和心靈過程。但除了你自己，還有誰比你更適於改變這一切呢？

你是自己生命的程式設計師、決策者，意識到這點是整個過程的關鍵。如果人們能完全了解身心間的連接狀態，你將清楚並確實地了解自己的確就是自我生命的程式設計師。心靈或自覺是個人及靈性開展的根本關鍵。

氣場控制將幫助你探索你的肉身、情感、想法和行為模式，以及你更高層的自我意識。

人體能量場

另一個例子或者概念，將幫助我們理解這動態的身心靈及能量連接狀態。

過去近百年來，我們確實認知到，人類是居住在宇宙間一個具有肉身的生命體。這個古老、機械式的典範想法不全然有誤，因為這想法只限於特定的覺知面向。你的肉體藉由原子、細胞和器官等構成，這身體也受到時間和空間約束，整個過程充滿不同生物化學反應的驅使。

量子物理學告訴我們物質與能量相等。如果你看到一個基本原子粒子的行為，就能認識到它的雙重特性。這些次原子有時表現粒子特性，但它也能在不同條件下展現波的特性。

這表明我們不僅具有物理特質、固態肉體，同時也充滿能量。本質上，人體同時活在「質」與「能」的兩個世界。

　　我們量子機械式的肉身，是由想法、情感、感覺、信仰、記憶等組成，這些都不受空間和時間約束。這個深具內在動力的能量體就是氣場——一個遠遠超脫並延伸於肉體之外，伴隨訊息和能量的脈動場領域。

　　這兩個世界彼此交互作用。你的機械式肉體和充滿精力的不可思議能量體彼此間的作用，使你成為有覺識的生命，你不但是操作者，也能給與其程式化指令。

　　我們一旦認出並且記得自己就是命運的主宰者，那麼你終將成為實際中自我的開創者。你能承擔所有的責任和行動，你可為特別的目的或理由設計一套專屬的心智軟體，你就是自己心智程式的設計師。

　　人體氣場攝錄儀能檢測出人類天性中隱藏的多元性。透過測量體內充滿活力的能量流，氣場儀能顯示出你的情感和想法，是如何影響並且改變肉體和意識狀況。另一方面，改變自己的氣場將可同步改變你的現況——那個我們所察覺並過著的生活模式，這個過程就稱「氣場控制」，一種透過心智驅動而具備改變現況和掌控自我氣場的能力。

　　「他正散發出一股威權和勝利的氣勢！」

　　「他具有心靈導師的非凡感召力！」

　　如上陳述，指出一個所能在人身上看到的獨特氣質，它象徵一種不受時限、恆常綻放的真實光輝、真實氣場、真實氛圍，也是你個人獨具的完整人格。很少有人認為這光輝是從肉身所綻放出的真實存在能量場。雖然如此，我們實際上還是能

體驗從某個人身上散發出的這股輻射的微妙能量。

這不僅只是一種感覺，其實也明確指出人體氣場的存在。無數有靈視能力的人（靈視者），都能察覺或實際上看見人體的能量場。一些敏感並具天賦的人，已經再三證明他們的確有能力察覺到那存在的更高維度。

來自全世界的科學家們，相繼投入研究這現象。瓦勒莉·漢特博士透過電子檢驗型態量測了數以百計的人，她的主題在於，測量生物場領域的頻率和相關位置；同時，她的數據也直接與能看見氣場的靈視者所見相互比對。在一九七○和一九九○之間，元山博博士（Hiroshi Motoyama）透過電子檢驗測量跨越數千年東方針灸醫學中的子午線。羅伯特·貝科爾博士也證實人體存在著電磁場，他發現了直接、當下的控制方式，可改變人體的健康狀態和疾病。

歷史上，有很多不同的名字和陳述，都已指出這環繞人體周邊的生命能量場。取決於不同的文化背景，形形色色的科學家和許多獨立研究者，都曾提及這能量場，他們稱此為生物場、電磁場、生命力、氣、生命能量及氣場。

我不希望單從科學的觀點來檢視這個主題。在人與人互動的過程中，我們會不斷地與他人能量相互影響。吸引或排斥，只不過是你與他人接觸過程中所產生的感受。散發在體外這微妙不可思議的氣場，反應的是你真實的內在世界。任何你所感受的、心想的或內在信仰，都將在氣場中呈現，並會與所處的環境不斷互動。

　　這就是為什麼有些人總是好運氣，有些人沒有的原因嗎？也或許是，為什麼有些人總是在生活中會一再不斷遭遇相同的問題？

　　我相信你知道或者聽說過某位婦女離開她的伴侶，原因在於他不斷辱罵她。不久之後，這女人似乎好像有股魔力散發，她再次遇見另一個人。關係剛開始時，這個男人對她既付出又相當關心。然而一陣子後，她發現他像前男友一樣，對她暴力相向、辱罵。甚或是你已經在自己的生命裡，看到類似這般不斷重複發生的障礙，一再重演。

　　我們都曾經歷過這種致命吸引力——一種反應的現象。就我自己而言，情緒差時，這現象會特別明顯。我可能看起來十分正常，一點也不生氣，但會有一種難以解釋的原因，讓我散發出一股氛圍，氛圍中瀰漫著當下的心境和情緒，我周遭的人都能強烈感受到。我發現這狀況很奇特，如果我憤怒萬分，我將會吸引那些導致我憤怒的人來或發生一些奇怪的情勢。幸運的是，如果我處於一種非常積極、順暢的生活，我毫不費力地就會有數不盡的好運敲門而至。

生命能量的充電

　　「……柯林頓總統有一股充滿力量的氣勢……」

　　「……柯林頓總統在開始工作前，會到充滿鄉村風味的州郡先為自己的政治能量充電。」

　　對我而言，上述引用的一段報導，讓美國總統看來似乎有

種氣場，讓他能整合自己內在的電池系統，並隨意地不斷充電。或許那是身為總統的優勢之一！

幸好，對所有人而言，不僅是總統有對其能量再充電的電池，每個人也都擁有自己專屬的一套生命能量充電模式。

有時我發現自己對工作或任何事情顯得完全無力。我必須為自己再次充電，包括睡個好覺、吃頓好餐、提供能量的健康食品、慢跑、打排球、聽我最喜歡的爵士音樂、靜心、做愛或任何能給自己充電的活動。我相信你也曾經歷過這種經驗。重要的是，你知道什麼才能真正為你再次充電嗎？還是你常常難以為自己再次充電？

我們都知道日常生活中使用的電器，很多都需經過再次充電才能使用。你可能會把它們接上電源供應器、電源插座或安裝新電池。大多數的儀器或玩具都會在使用說明書上告訴你，你該用多大的電力或何種方式來為其充電。但你曾得過任何指示說明，告訴你該如何為自己的生命能量電池再次充電嗎？我確信自己從沒收到過。甚至你曾經想過自己所擁有的電力來源嗎？你從哪兒得到你的能量？它是源自於一個集中效應的宇宙能量體系，還是你自己個別的生命能量？

為自己充電，是掌握於你手中，還是你需要藉由他人或做一些事來為自己充電？你或許會說我自己來就可以了。這是個好問題，但為什麼這點這麼重要？畢竟，我願意為了過個相對好的生活，而讓自己再充充電。迄今，我不再經歷任何嚴重的問題或讓生命遭受威脅。

你應明確的修正態度。無論你是否知道自己的生命能量，但這股能量將在無意識間就會自動充電。大多數狀況下，你身體的進化狀況已在一開始時就設定好這個工作，縱使你全然無知，它也會運作。

明白和理解這簡單卻無庸置疑的事實，會引發一個更大的問題。為什麼總有些人好像擁有驚人的、無限的精力可用？他們為何能如此肯定自我，擁有堅強性格，知道該怎樣為自己充電以邁向更加成功，更能履行自己的抱負和富裕的生活？為什麼你有時會感到完全的空乏無助，不知道在哪兒或該如何得到一股能量，以滿足自己的願望、目標或夢想？

當其他人經常生病和無力時，有些人為什麼總是健康且精力旺盛？你會想倚靠其他人或某種情勢來獲取生活或情勢的改善，還是你願意獨立應付所有事情？一切變得美好，不是很棒嗎！不管對你來說或對在你生命中所接觸的每一個人，你可以負責為自己的生命能量不斷充電？

「氣場控制」訓練，將教導你如何在生命中為自己充電。成為一個精力旺盛和充滿活力的人，你不但會有足夠的能量和實力來履行自己的夢想，而且還能幫助其他人過更好的生活。

往往我們無法理解能量的概念，也忽略這極簡單便能讓自己學習再次充電、恢復生氣的方法。不僅如此，它不但讓我們在每日生活中擁有充沛能量，也讓你成為能量本身。人的生命型態本身就是能量，數千年來，宗教領域已反覆告訴我們這點，當前的科學也已經證明這個事實。

　　這項知識能在我們的現實生活裡發揮什麼影響？在生命及生活中，它同時扮演了相同重要的角色嗎？更進一步的問題是：如果我們知道自己身為一個能量體，該有怎樣的行動或作為呢？還是我們依然保持像個擁有肉身卻機械化度日的生命體而已？

　　是每個人和社會都該了解的時候了，了解人不僅擁有肉體，也以能量型態存在。核心價值就在認知我們自己的生命能量。當你明白，你必須將之整合運用這個事實，併入每日的日常生活中。一切事物都充滿了活力，恆常地流動且永不終止。能量永遠不會靜止。一旦我們真切地理解這點，正向的改變和發展就會自然發生。抗拒改變只會帶來反效果，消耗你天生的能量。當你接受並以能量型態看待生命，你將獲得靈活的彈性和權勢的增長，這一切將帶領你衍生出一個新的、令人激賞的面向。

　　你將發現從「氣場控制」和「氣場彩光測試」中，看到每個人的獨特性，包括他們的想法、不同的信仰。你往往不自覺間透過有色眼鏡，看待自己的環境和生命，這副眼鏡同時會去看你的感受、信仰及你的人格特質。縱使感受的覺知可以有所不同，但事物的本質是相同的。我們都以一種非常獨特的形式存在，不但是個體，也彼此相互含括。

　　該是放棄那些過時、陳舊的知識，並接受人就是擁有旺盛精力能量體事實的時候了。我們必須學習超越達爾文信仰，並讓自己進展到更高、更進化的層次。為了能完全理解能量的概

念，必須更深入身心靈、能量和彩光間的關連。

個人對能量和色彩的經驗

筆者在經由氣場控制和氣場成像技術研發過程的研究、探索及工作中，有機會遇見很多治療師、靈視者或有能力覺知能量場的各種人。我的經驗是，氣場攝錄系統所量測到的彩光色彩，與靈視者所見到的人體真實彩光非常接近。

過去五年來，透過為數眾多、規模廣大的試驗，證實了這項技術的觀察。例如，我們會設定某種特定狀況，讓靈視者將其所看到的受測對象的彩光描述出來。這些靈視者也會為我們描述其所觀察到受測者相關的人格特質、行為模式及信仰。同時，我透過使用生物反饋氣場的成像系統，驗證同一個被描述者的所有訊息。我發現，幾乎所有的案例，都能看到靈視者所見與我們儀器螢幕所呈現的能量型態及彩光十分接近。同時，我們也會訪談受測者，他們都能證實自己的人格特質的確與特定的氣場彩光有關，或帶著特定的生命能量彩光。

幾年前，我有幸與帕瑪拉·歐斯里（Pamala Oslie）在電話中交談，她是《生命色彩》一書的作者，也是一位知名靈視者。閱讀她的書，使我確信她不僅擁有察覺人體能量領域的天賦靈視之體，她也能看透氣場裡的深遠意含。在她的書裡，非常詳細的描述其所察覺的各式氣場彩光和特定人格特徵、感情、心靈和靈修狀態。

當時，我深陷於自己生命的過渡轉變期，處於五年來人際

關係中的極端低潮期。再者，我也不確定是否要維續在歐洲還不錯的事業。第三，當時最大的影響是，我感到自己做任何事都不順。

我決定給自己一個假期，一點休息和一段放鬆的感覺。當我從德國慕尼黑到達洛杉磯時，立刻感到輕快不已並有一股舒暢感。我愛死陽光揮灑的日子。這一切讓人驚嘆、覺得富足和爽快。接下來幾天，我租了輛敞篷車沿著海岸往聖芭芭拉海灘前進。之前，我只和帕瑪拉在電話中談過話，但當我親自遇見她時，立即意識到她環身的清亮光能。她一看見我，就說：「我就知道！我知道你將是個紫─黃光人。」

「聽來似乎不錯！」我說，「但這意謂著什麼嗎？」

她親切溫煦地說：「紫─黃光的色彩，通常代表這個人有著頑皮、靈性、敏感、獨立的特質，並能藉著夢和創意來開創新點子。」我認為她確實清楚地描繪出我的現況，便報以微笑。我知道她了解我什麼，也知道她坦實地說出所知，這開啟了我們彼此間良好互動的開始。

我得到帕瑪拉針對我所提出的極富價值且令人驚嘆的能量判讀諮商。她告訴我一些我已經知道的事，並指出很多我尚未發覺的。她告訴我，我必須做的事情之一，就是在這段特別的生命歷程中，實踐一個夢想，這也是紫光所反映出的意義。另一方面，我也注定要以享受生命、玩得開心及以輕鬆的方式來展現自我。

有趣的是，往後數年間，紫光和黃光一直是我所有氣場照

上最主要的彩光。

在我們頻繁的談話中，帕瑪拉也問我是否知道南加州恰以擁有多數黃光和紫黃光人而聞名。實際上，過去我就有這樣的感受，但無法說出為什麼或怎麼知道。每次我到了南加州，就會有股振奮的、清亮的、開創的感受。基本上，就是這麼不可思議。帕瑪拉透過對我能量場的判讀，具體的提供我在特定地方發展的建議。

她能意識或看見我過往所經歷的事情或狀況，也包括即將的未來。她的一段話對我產生極大衝擊。她告訴我，如果我想完成生命中的使命及計畫，我必須更強而有力、更集中、更專心於想做的事上。我有種無法聚焦的強烈傾向，想同時做一堆事（這是紫光非常典型的特徵），黃光頻率則顯示我有股不想面對困難、持續性的計畫或憧憬幻想的狀況。她建議我同時在穿著及生活中引入更多深綠光的頻率。

起初我難以接受，難以想像自己跟深綠或翠綠光能有什麼關連。這是一種讓我感到不舒服的色彩，我不認為自己生活中會對這色彩有什麼特別的需要。深綠對我而言，太過嚴肅、綁手綁腳，也太消沉。

經過在聖芭芭拉市和洛杉磯的一段放鬆和讚嘆的假期後，我離開加州回到德國。在這段旅程中，我有個感想，就是色彩和特定的人格特質、情感及思考模式是有關連的。我已能明確看見自己在生命中該做的事，但究竟為何帕瑪拉會說深綠光對我極有助益呢？

　　我的心回溯到十多年前，那是我剛開始投入生物能量、治療、民俗療法和色彩治療的時候。當時的我，基礎並沒打好，有些人甚至覺得我怪怪的。當時我不想面對現實，一切似乎都是那麼艱難、遲鈍、苛刻、沒有靈性。我發現自己有一堆無法回答的問題。為什麼人會如此？為什麼彼此不能好好相處和相互扶持？我看到每一個地方都充滿殘酷的競爭、紛擾和消極性，我正經歷強烈的個人身心轉變。

　　當我第一次認識氣場攝錄儀，並且拍了自己的第一張氣場照時，看見圍繞在自身的很多紫白光時，並不覺得訝異。這些高頻的振動彩光，看來正完美地顯示出我內在的經驗和生活。

　　在我後續的生活中，總是能看見在我穿著愛穿的色彩的衣服時，所拍的氣場照，會出現那些和我內心或感情狀態相符的彩光。但是我為什麼應該穿上或多多觸及深綠光的彩光？我還是沒答案。不知道為什麼，我知道帕瑪拉是對的，但我就是無法完全理解這項暗示。

　　然後有件難以置信的事情發生了。回到德國不久，我遇見一名極好的女士。當我看見她的第一張氣場照時，真的感到非常訝異。她的氣場看來非常和諧、飽滿，並且均衡，在她的能量場呈現著深綠光。我們的關係開始發展，數個月後，我十分訝異地發現，這種深綠光的色彩，已經開始在我的能量場裡出現，我開始理解深綠光的意義。

　　幾個月後，透過內在的靜心冥想和一些練習，我觀察自己的氣場照片，注意到自己生命能量場的變化。愈來愈多的綠光

開始出現。這真是不可思議，因為直到綠光出現前，我根本沒刻意察覺或者幾乎沒注意到任何的「綠」。我潛意識納悶著是否是因為我和新女友間的互動，才帶來這股能量。我試著問自己，我是在這段關係下被動的現出綠光，還是這一切都純粹與某種宇宙間未知動態能量串聯後，自然的發生。

頃刻後，我開始注意到自己的行為產生細微的變化，包括我的情緒、感受，以及思考模式。我能意識到自己更加均衡、更放鬆，身體整合地更好。我真的感受到自己的心扉開啟，比先前的我更善於溝通。

又一年過去後，我決定該是到南加州的時候了。像往常一樣，這個決定下得直覺而有力。此刻，我又重新面對綠和深綠的彩光能量。我開始演講並設立工作室，我的表達變得更真誠而明確，更直接而毫不保留。我感受到心更開，身體變得更強而有力，但依然保持放鬆。我的思緒變得更加清明，我能訂立明確的計畫，並加以貫徹直至有所收穫。深綠光頻率的影響，看來讓我在生活的表現上更加均衡。

在南加州居住一陣子後，我清楚地理解為何這個地方會被描述成到處充滿著黃光和紫黃光人。這地區提供了這類人格所要的所有特質：一年到頭充滿陽光，綿延數英里的海灘，漂亮美麗的人兒，生活安逸，充滿夢想，對未來憧憬，人們不受時間的拘束，充滿了無數的新點子和各類技術。這地方也是世界的娛樂中心，並在教育、改革和激勵人性等多方面，扮演重要角色。

世界各地的氣場

　　肯定的是，每個人都有自己的氣場，但在每個國家或城市，也會形成重要的集體氣場，當你遊歷到國外的時候，就會經歷到。

　　讓我這樣解釋，個人的想法、感覺、經歷、家人及感情，將會影響自己的氣場，而不同的環境及生活於此間的大眾，也會創造出特定的氣場品質，那麼當你到了不同的城市或國家時，你的氣場會有什麼不同的改變？這會從你知道自己感覺喜不喜歡此地得到答案，因為你的感受跟你的氣場有很大的關連。如果你的氣場很強且非常獨特，跟身處的環境有很大的不同，便會讓你感到很不舒服，所以要不是需要一點時間適應，就是得離開那個地方，找一個跟自己氣場較合的所在。

　　這跟遇到不同氣場的人一樣，你的直覺告訴你喜不喜歡這個人，如果感覺不錯，你可能需要這個有別於你的能量，這表示你正準備交換能量且想學習成長。你將有可能因而發現原本所不知道的一些事情和機會。

　　當你再度換到和你氣場不同的環境時，仍會有相同的感受，或許你將會開始覺得有較重的責任，也變得比較有創造力、自由且快樂，但也可能感到不舒服、悲傷、孤單和無力，為什麼呢？

　　當然這是因為每個城市、國家都有其獨特的能量，包含了如水、火山土壤、沙以及地下的礦物如金、油及水晶，當然還

有住在當地的人等。

以顏色能量為區分，介紹以下各個國家、城市的重要能量特性：

紅色

身體、活動力、意志力和挑戰，但也過度活躍、生存力、憤怒及挫折；紅色代表了愛及身體的能量。

以紅色能量為主的地方有：非洲、阿拉伯、伊朗、伊拉克、前南斯拉夫及英國。

以紅色能量為主的城市有：紐約、芝加哥、聖保羅及里約等等。

橙色

創造力和身體的自由，但也有自我極冒險的傾向。

以橙色能量為主的地方有：中美洲、澳洲和西班牙。

以橙色能量為主的城市有：堪薩斯城、雪梨和墨西哥。

黃色

智慧、自由和有趣，但也會懶惰、愛控制及嫉妒。

以黃色能量為主的地方有：南加州、佛羅里達州和義大利等等。

以黃色能量為主的城市有：洛杉磯、拉斯維加斯和邁阿密等等。

綠色

金錢、溝通、自然、成功和成長,但很固執且重視物質。

以綠色能量為主的地方有:德國、瑞士、德州及美國東岸地區。

以綠色能量為主的城市有:聖地牙哥、亞特蘭大、達拉斯、慕尼黑、漢堡和巴黎。

藍色

和平、具有深度、對宗教虔誠,但保守、內向、小心、恐懼和焦慮。

以藍色能量為主的地方有:蒙大拿、加拿大、以色列,島嶼國家如馬爾地夫、巴哈馬、希臘,和其他亞洲國家如泰國和日本。

以藍色能量為主的城市有:東京和新加坡。

紫色

心靈轉換、直覺力、遠見及領袖魅力,但會困擾、緊張及等待不切實際的答案。

以紫色能量為主的地方有:夏威夷,特別是毛伊島,峇里島、菲律賓、西藏、印度、亞利桑那州和埃及的金字塔。

以紫色能量為主的城市有:舊金山。

白色

純淨、啟發性且和內心有強烈的連繫，但是在現實中會有失落感。

以白色能量為主的地方有：印度、喜馬拉雅山、祕魯的馬丘比丘、大峽谷及世界各地的聖地。

以上介紹不算完整，只是世界上一些地方關於能量的概述，你在某個地方待得愈久，就愈能感受到當地的能量，這樣就可以選擇自己喜愛的地方。請記得，你所待的國家或城市會影響你的人生。

氣場照可以是了解自己或他人的最佳工具，可能哪一天，你將擁有單靠雙眼就能看到氣場的能力。如此一來，我們可以開始用不同的方式，來看不同種族或不同膚色的人，我希望你從這本書得到很多樂趣，並且想開始了解更多人。

色彩在日常生活中的影響

你或許注意到不同的色彩，會帶來深刻且迥然不同的影響。事情的真相是，你身著的衣服確實會影響你的感覺、你的想法。我透過相當不尋常的模式學習這項課題。

夏季的某天晚上，我感到有點不舒服，原本計畫要去演講，但看來似乎不大可能去了。我其實不能取消這場演講，因為有很多懷著萬分期待的重要聽眾們，對這次演講的主題極感興趣。

　　很快的淋浴後，我站在衣櫥前，試著想要穿什麼衣服。一剎那間，我突然發現我這輩子再也不會取笑那些站在衣櫃前，猶豫該如何決定穿什麼衣服的女士們了。我腦子裡一片空白，什麼色彩看來都不大對。首先，我試著穿件紫光的襯衫，但衣服一上身馬上感到怪怪的。我不安地告訴女朋友，我似乎有點不大對勁。我一點都不再喜歡我的紫光襯衫了，然後我試看看黃光的，接著又改藍光的，沒什麼色彩能讓我滿意。我試看看穿黑色的褲子、灰色的褲子、牛仔褲，但穿什麼都不勁。

　　我幾乎抓狂，實際上我面對這個問題：現在的我就像個女人，站在鏡子前抱怨不知該穿什麼衣服，難道最後我還是要穿上一開始所選的衣服嗎？不，我悄悄回答著。那根本一點也不像我。女朋友嘲笑我這窘境，她說下次她縱使花兩個小時選衣服穿，可能都還比我現在呆站在鏡子前看還快，我也了解為什麼女士們要花費這麼多時間來選一件衣服。從那天起，我才真正理解衣服的色彩真的對我有所影響。

　　色彩對人的情感和情緒有著強大的影響力。你對色彩感覺愈敏銳，就能更了解色彩的力量。在一陣慌忙後，最後我決定穿上灰褐色的褲子和一件藍綠光的襯衫。兩種色彩都傳遞出當時的我正試著想更務實、放鬆，並釐清我所想準確表達的想法和感受。

色彩測試研究

　　在研究與開發氣場控制和人體氣場攝錄儀的過程中，我希

望更貼近真實的人和更真實的生活狀態。我想看看色彩是否與人們的人格特質或當下的生活狀況有關。我決定去見一位靈媒，帶著期待的心，我希望能得到一些有趣的觀點及啟發。

在這項特定的安排中，我測試許多參與實驗的人，讓他們從十二種色彩中選出自己想選的色彩。過程中，他們必須毫不猶豫地選擇兩次。這能測試出他們直覺主觀上想要的色彩，而且不是思考過後的答案。相當程度上，這樣的作為是要測出實際的看法而非選答，是要將第一眼「感覺」對的色彩挑出。

什麼讓我感到最驚訝呢？答案是：多數靈媒竟然第一個選擇的色彩是淡紫光，其次是藍紫光。我已經意識到靈媒們的動能是與紫光、淡紫光有關。實際上，我們藉由人體氣場攝錄儀所測量的大多數靈媒的振動頻率，幾乎都是紫光和淡紫光。但實驗進行過程中，我從未預設立場他們會選擇哪種相同的特定色彩。

標準色彩測試實驗中的人，其所首選的第一和第二個色彩，通常直接反應出此人正想追尋的方向。它反應出當時他們在生活中最需要的為何，也反映出他們的內心渴望和心願。

這些結果讓我看到，人們的潛意識和深層心靈，是如何在我們的日常決定中，日復一日的提供一股動力。多數願意參與這次試驗的人，不知什麼原因，都顯露出對紫和淡紫光的需求。他們在自己的生活中需要這些能量。新的點子、理想、靈感、直覺、心靈、靈覺能量及和治療能量有關的淡紫光——紫光頻率。其他同樣重要的元素包括：幻想、夢和逃避現實。對

第一個色彩選擇淡紫的人，顯示他們潛意識會有上述傾向。

　　色彩能帶給人對自己「內在」狀況極有價值的寶貴訊息，並且也是極強而有力讓我們展開自癒及個人成長的工具。當你對自己了解愈多，就愈能了解色彩對自己身心靈的影響。

彩光反應能量品質

　　「雖然身處於一個擁有無限訊息和能量的世界，我們卻僅仍局限於有限的訊息和能量中……」

　　宇宙和人都是由宇宙生命能量所構成，這能量是生活的基本「燃料」。這基本的生命能量可藉由不同的形式、變化和密度顯現，但是基本上，存在的一切都由同一股生命能量所形成的。如果你能想像下面的畫面，就能容易地看到生命能量與人和彩光間的關連。

　　人就像彩虹般，光或者生命能量，流入並滋養我們的身體，給與我們生命。人也像個稜鏡般，讓光滋潤我們，就像光透過稜鏡一般，你能看到清晰的白光，顯露出它所具有豐蘊的彩虹般的光華。而人和稜鏡間唯一的差別，在於人活著，活生生的呼吸著。

　　人有自由意志，能決定選擇何種彩光是你所想要的。我們是動態、活躍和活著的「稜鏡」。我們就是決策者。我們的意識和關注，將決定自己所經歷的。我們有能力自在地調整至任何振動頻率或品質、焦點、想法、情感和信仰，決定我們如何表達、如何過著自己的生命。我們的焦點和注意力，也將決定

自己會在生活中散發出彩虹光內的何種色彩。

　　身為人，我們能決定自己想展露彩虹光中的哪道光華。我們的體悟、選擇和決定，終將確定自己會過著何種類型的生活和生命品質。因此，你所經歷的生活品質或現實狀況，其實正是你反應出的某種特定生命彩光。如果你想過著強而有力和活躍的生活，你可以選擇和散發出紅光的能量。如果你想更理智、更善於分析，黃棕色和綠光頻率將能強化你這項需求。如果你想調整自己邁向更敏感、更藝術性和更具遠見的生活，你可以展現散發藍光、紫光的能量。

　　在連續講述萬物皆是能量之後，邏輯上你可能會問自己，能量是如何定義或描述的。是否有種既容易、又有效、又實際的方式，能快速釐清不同形式的能量和品質？

　　描述能量品質，一般而言是挺困難的。科學家可能傾向以特定的數據來表示某種特定頻率。一位技術導向的人，可能會指出血壓400的人，一定和色度上——藍紫光頻率的人有關。但為能更通俗或提供教育性使用，我想，錯綜複雜的術語對想讓更多人了解的目的幫助不大。

　　我發現色彩和聲音在調整能量的改變上，都有極佳的表現。但我本人更喜歡色彩，在我們的社會中，視覺比聽覺更容易為人所接受。

　　色彩對所有人而言都自然多了，因為人們天生就擁有對色彩覺知的能力。實際上，我們很少累積一種知識，也就是藉由直覺和天生觀察力以覺察彩光的能力。

　　如果你看見紅光，你立刻能與特定感覺、想法或生活狀況聯想在一起。顯然地，這些聯想非常主觀，也廣泛的被所有人認知。如果你聽到某種聲音，縱使僅是單一音調，或說頻率700奈米，你可能難以想像要把它與什麼聯想在一起。你可能會漏失這個音符所要傳遞的訊息，原因在於沒有一個清楚的依據。色彩就不會如此。心理學研究已經證實，色彩不僅反映出我們的情緒狀態，並對人類行為和心境都有直接的衝擊影響。

　　色彩也能區隔釐清不同的能量品質。我們知道這數百萬種色彩或混色，數目與巨大宇宙間難以定義的旺盛振動頻率一樣多。色彩是一種簡單但強而有力的符號語言，能指出能量的品質或狀態。色彩有無數的組合，但每種色彩都由光組成。能量有無數的表達型態，但我們就是光能。

生命能量和人格特質

　　從一九九〇年起，我有機會在全世界旅行，接觸很多這類治療的醫生和靈視者。這些擁有天賦異稟的人，能看見環繞在人體周邊的能量場。

　　當我運作氣場成像技術並在內在動力企業研究時，便遇見相關的這類開業醫生和靈視者。開始時，我其實質疑他們的主張，因為我知道，你很難透過什麼來證實或運用科學知識，驗證關於人體能量場或生命能量存在的事實。另一方面，我個人的經驗告訴我，遍及世界各地不同的宗教或心靈團體，全都不斷地在探討關於人類生命的本質、生命能量、氣或者光。

　　我有機會與這些擁有天賦才能的人共同進行試驗。由於一開始我抱著質疑態度，所以當我發現他們的主張和能力可完全被證實時，讓我驚訝不已。我們廣泛研究的基本目的，是想發現並建立反應在人體能量場中的特定彩光品質，與某種人格型態及行為特徵間的關連。

　　靈視者和能量治療醫生不斷提及，一切活著的人，都會在身邊散發出某種特定振動的彩光。更進一步地說，這些彩光還會根據個人當下的體能狀態、情緒、心理和心靈狀況而改變。這項訊息也和以色彩及人格型態為前提的色彩心理學結果十分類似。

　　芭芭拉・布倫南（Barbara Brennan），一位受到高度讚揚的世界級靈視者及導師，在她的《手之光》（*Hands of Light*）書裡談到，她親眼所見的無數人體能量場的明確細節。她所探索並廣泛的研究中，指出彩光不僅將反應出個人的特質外，氣場也將同時會反應出罹患疾病與療癒的過程。

　　來自加州的靈視顧問帕瑪拉，詳述經驗如下：「我在靈療工作中，發展自己能看到氣場彩光的靈視能力，並透過參加數種深度的教育訓練以強化自己。現在對我而言，我察覺到不同人的不同彩光能量，的確與特定的人格特質或行為特徵有關。我藉由這項智識創造出一種開創性的方式，得以幫助我的客戶開啟更大的潛能，並且幫助他們邁向更成功、更愉快和更有創造性的生命。」

　　語言只占了我們整個溝通過程中的百分之十五至三十，你

可能認為這不可能，但它確實是真實的。在我們與外在環境的溝通與互動中，有超過百分之七十是超越意識並且超越口頭言語的。這百分之七十包括了你的肢體語言、音調、聲音等。有些人相信，那沒說出口的，遠比我們說出的更加重要。

我已經從自己的經驗中發現，上述這一切都是事實。有時，當我試著想詮釋某些想法時，似乎必須祈禱並活絡那些預期以外聽眾的感覺和想法。實際上，有時我說的會和他們覺知的全然相反。我開始想知道，在我們與他人的溝通和互動過程中，到底有什麼隱藏於其間的因素。

自然，音調、聲音、講話的速度和我們的肢體語言，在非語言的溝通中扮演極重要的因素。但到底發生些什麼？你遇見一個初次見面的人，過去根本沒跟他講過話，但你仍會對此人有某種程度的覺察、印象和感覺？為什麼縱使只藉由一個人的肢體動作等，你就能掌握住對他們的獨特印象？

你是否曾經有過這經驗，第一次見到某人，你從未透過講話等各種交流方式與他互動，但你仍能確切地知道他獨特的人格特質？你可能有過一種難以描述或無法闡述的內心感受，儘管如此，對你而言，你應該很清楚知道這正是你當前所遭逢的境遇。

在我的研究中，我更進一步探究，試著發現是什麼決定了人與人之間的相互作用。而當我們能理解，世間一切都存活在同一股巨大的能量中，活著的一切都是能量時，我們就能更接近答案。從一種能量充沛的觀點來看，人其實是生命能量展現

的一種複合系統，並透過肉體形態呈現。互動，可以被理解為是不同能量體系間的相互作用。

生命迴旋的方向

個人彩光的層次（亦即你當下的生命能量）將決定你的發展方向。生命能量向下滑落，表示著衰敗、老化、生活艱困、遇上麻煩、不省人事和陷入黑暗期等。生命能量急劇上升，表示個人和心靈的成長、清楚覺知、光、實踐目標，並與宇宙能量相連。

在我個人的信仰及內在覺識上，每人都必須有個明確的決定，也就是針對這個問題：我到底要讓自己過怎樣的生活？我連結上的是一股盤旋而上的能量，還是向下沉淪的。我願意展開內在的療癒，寧靜、著重個人、心靈成長，並自覺於明亮的光明之中？或是選擇過一個充滿抗拒和黑暗的無意義日子。

沒有任何人可以真的逃離過。不想做這個決定，代表你把自己的頭躲進沙堆裡。每個人和人類本身，都必須決定自己進展的課題及對未來的發展規劃。訂定這個決定，是一種普世的觀點。

在地球面臨過渡和轉變之際，你想昇華自己的能量和自覺到相信生命均能自助的觀點上，還是你仍選擇停留在無意義、盲目的相信舊有觀點一切都是對的層面上。我們當前正面對一個生活中充滿戲劇性變化的時代。如果你願意與引領向上昇華的力量結合，那麼在你有需要時，你就能全然地得到宇宙高能

或光的滋潤與協助。接受人體氣場攝錄儀並實踐氣場控制訓練，正代表你願意接受這股昇華的能量，並於內在朝向治療、和諧及成長發展。

當我們的生命能量愈朝上增長，你就能擁有愈多的光能流過且滋潤自己。並且，你會更能達成自己的生活目的，許多對你有益的教導及指引，都將「碰巧的」發生。你將變得更活躍，學習回應的更快。你會得到一切所需要的支持，在這過程中你將被改造並邁向現實生命中更高的維度。

人們都必須當下決定，決定自己希望與哪種迴旋形式的能量連繫：是那向下朝向更低的能量、抵抗成長、艱難、困苦的生活，行屍走肉般；或者盤旋向上、向內，將你的振動頻率迎向更高的維度，連上你的宇宙生命能量流，連上你內在的指引，活得成功，活得事事如意。向上盤昇，代表一個全然的、完備的、可以實踐自我的，能夠串連起肉體和靈性的狀態。

生命能量和現實

你的生命能量決定你在現實生活中的覺知及體驗。如果你希望改變自己的現況和生活，可以藉由自己的生命能量來創造改變。生命能量彩光反映出個人的真實內在。這些彩光真實反應出你如何經歷生命中的每一個當下。這些內在振動，對理解自我和生命本身的意義而言，極為關鍵。改變了內在的現況後，外在「真實」的生命也將隨之產生改變。因此第一步是，你百分之百願意開放自己的心，並願意讓自己邁向成功、豐

盛、開創、快樂並實踐自我的心靈。

　　我們都住在同一個世界，卻經歷不同的現實生活。我們全都住在同一個行星，所經歷的生活模式卻可能完全不同。「現實」是一種主觀的展現。當你試著從一種觀點來看：萬物皆堅實而不可變異，那麼你將發現一切都無法有任何改變。無論如何，若這是真的，任何人將沒有能力改變自己的現況，或藉由任何方式改變生命。

　　或許在比較過人我間的異同後，你會發現並難以了解為什麼別人和自己會有這麼多的不同。或許你已經感到訝異，為什麼生命能開創出如此多的不同存在形式。為什麼有的人如此成功，其他人卻沒有辦法？為什麼你能如此全然的感受生命，但你最好的朋友或親鄰卻沒有辦法？為什麼你今天生病了，明天又好了？又為何在同一度空間內，卻有這麼多的不同形態存在著？一個乞丐和一位相當富有的人，住在同一度空間內；一個關心、愛護他人的人與一個粗魯、遲鈍的人，也住在相同的空間內；擁有先進航太技術和僅有石器時代般能力的人，同時存在相同的行星上。

　　你難道從不對這麼多的可能感到不可思議嗎？是什麼區隔了你和其他人？又是什麼實際上決定你自己的現實？更重要的是，你又要如何更改、轉變自己的現況和生命？

　　如果你開始參與內在動力氣場控制訓練，並且決定允許發展個人和心靈成長，你將從自己內在獲得所有答案。

思想決定能量

「你所展現的,將回饋於你。怎樣栽種,怎樣收穫。怎樣思考,就決定你成為怎樣的人。」先前的陳述都回應於一個宇宙普遍的真理:思想決定能量。

不管宗教或者哲學上的多樣性表達,都清楚地讓我們看到相同的現象。無論你的展現為何、決定為何或信仰為何,終究這一切將決定你自己真實生命的現況。

安東尼‧羅賓,當代一位重要且受人尊敬的激勵大師、演說家及導師,他指出決定自己生命樣貌和控制自我命運的三項主要準則:

1. 什麼是你最關注的?

2. 什麼對你最有價值?

3. 你怎麼做,就怎麼收獲?

你想為自己開創一個什麼樣貌的生命,掌握於你自己手中。你必須清楚地決定你想付諸實踐的目標。你也必須自己決定對事情的評估,清楚它們真的為你帶來些什麼。更進一步,或許最重要的是,你必須為自己想獲致的成果,決定實際將採取何種作為、行動。

生命中,了解並學習致力專注於自我,在控制自己命運及改變命運的過程中,是最重要的著眼點。很多人一再認為,集中注意力意謂著你要坐在寢室裡,集中自己的心念於某個主題、計畫或想法上,一個小時再一個小時,日復又日復。想得

愈多，事情似乎愈容易成功。幾年前，有個正向思考行動團體積極努力地要人們相信，他們認為只要人們都想著正向積極的事，生活就會變得正向。如果你想著「我要成功」，成功就將發生。如果這是事實，每人都將是成功的，都將活得如自己想像的一般。

　　因為我確信你將意會到，這不應該是它運作的模式。顯而易見的，想法的確在集中自我注意力或能量上，扮演邁向一個新方向過程極為重要的角色。無論如何，沒有「e-motion」=「能量動態運轉」的概念，任何想法都無法產生作用。沒有能量是動態運作著的認知，一切想法就像個空杯般，但是如果你願意花時間並試著用水裝滿杯子，你就已經在主導「水」、主導任何你想做的事了。

　　思想必須藉由能量在真正的現實生活裡，創造成果。關注於正向的動能，將有益於聚焦，思想將決定能量。

　　無論何時，只要你專注於想專注的主題，並整合能量──動態的能量──時，你就是自己生命的開創者。

　　實際上，應該用「意識」或者「自覺」會比「思考」這個辭更好，因為「思考」帶有在意志下運作後的結果。不過，如果你能意識到或者自覺於此，則一切用詞都將顯得無所謂。它更像是一股內在、順從的集中力。但為了便於我們的探究，本書將採用「思考」這個詞。

　　總結一下迄今所知道的。一個人的想法與其動態的能量息息相關，這與個人直接的經歷和現實狀態有關。我們的思考和

動態能量，將反映在自己的生命能量上。振動頻率或生活能量

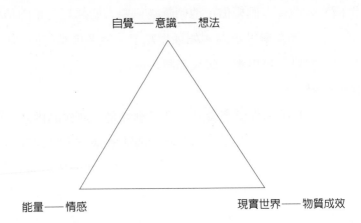

自覺──意識──想法

能量──情感　　　　　　　　　　　現實世界──物質成效

的品質，則將透過虹彩般的七道光芒呈現。藉由內在動力的科技技術，我們測量並且顯示你的能量及身心狀態。

　　生命能量的彩光，真實反應出你是如何在生活中感知，如何過生活，和在任何你所存活的當下如何體驗生命。生命能量彩光，同時反映出你如何察覺你的身體、情緒、心理及你的靈性。當想開啟一次深具療效的經歷、掌握自己的生命、改造自己的命運時，首先，你必須了解自己的生命能量彩光。

　　內在動力的氣場控制訓練，將教導你如何開展自我及生命的工具和手段，取得具體的成果，並改變自己的生活。當你開始內在動力的探索之旅後，你將能實踐自己的知識，並且運用在日常生活中。

第 8 章
氣場控制的七項修練

　　氣場控制是基於相當的科學和靈性作為基礎。你不一定要知道，甚至認同藉由氣場程式或人體氣場攝錄儀所展現出的獨特訊息，但它將提供你內心的滿足，讓你理解自己正在做的，並且知道生活的基本前提為何。以下內容能讓你藉由我們所運用的原則，更容易理解氣場控制的概念，並由此基礎達到自覺的能力。

- 身、心、靈是相互影響且充滿活力的系統；擁有覺識的你，是其操控者。
- 我們是整體巨大宇宙訊息和能量的一環。
- 愛因斯坦和科學界已證明「萬物均是能量」。
- 過去幾個世紀以來，宗教和心靈上的導師皆已經揭示人來自於光。
- 過去幾十年來，有關人體的科學研究已證明，人的本質充滿能量。
- 我們的生命能量源自於身、心、靈間的互動。
- 自我覺醒是了解和主宰個人生活的關鍵。
- 在生活中保持醒覺，是創造自己的生活朝安寧、療癒、自我成長快速昇華的第一步。

　　以下將就氣場控制的基礎和概念啟發你，我們將使用一種非常實際而不是含糊理論的方法，讓氣場控制成為你實際將某些行為和信仰，併入你的日常生活的方式。

　　你的目標是與你的內心世界產生密切關連，並且取得身心的協調。你選擇練習氣場控制的同時，將有一個治療過程在你的生命歷程發生，你將因而得到很多成就。

　　氣場控制真正的挑戰，是透過你的心來改變氣場。你是氣場的主人，改變環繞著自己的能量場，是你的責任。如果你願意改變自己的氣場，生活將隨之改變，並能照著你想改變的方向邁進。

第一項修練

　　停止一切工作，好好放鬆休息一會兒。嘗試盡可能舒適的坐著或者躺下，確認你的脊椎是挺直且放鬆的。深呼吸，讓吸入的空氣擴大肚子和你的胸，並且再緩緩呼出。

　　去感覺或碰觸自己的身體。肉身對我們至關重要。去感覺你的腳、你的脊椎、你的頭，這一切都是身體的一部分。感覺你的肌肉、你的器官或更深入你的細胞和原子。它們全部都屬於你身體的一部分。

　　此外，還有一個真實的你，如肉身般真實的存在。去感覺你的感受，感覺那不斷流動在你身體內的動態能量。在你肚裡，你可能感覺到一股動力、力量和活動的感覺。深呼吸進你

的心，允許它打開並且感到那股驚人的愛正在你內心裡醞釀。你不一定能觸摸到這些，然而它們一直在那裡。潮湧般的精力一直在你內心或環繞著你。

　　現在，集中你的注意力，看看有什麼樣的想法跑到你心裡？是一分鐘前你所讀的、你考慮的這個練習嗎？只要看著每個念頭就好，或者就讓念頭如天空裡的雲一般，來了就去。

　　當你能不隨念生滅時，你的思緒就已清澈，你就是一切事物的智慧本質。嘗試待在這種擴大的意識狀態幾分鐘。

第二項修練

　　當你準備好這項練習時，請閉上眼睛並且深呼吸幾次。集中注意在你的肉體，感覺或者想像器官（例如你的皮膚、你的心、你的肝或者你的腸）。你身體內的這些器官都是固態的，而且很容易找到。

　　現在該超過你的肉身了，想像自己的肉體像顆氣球般（一個外觀用你身體輪廓所製成的氣球）。感覺在這個氣球內移動的空氣。感覺「身體汽球」內不同地方壓力或強度的能量。你可能注意到在氣球內的一些地方，會有更亮或更黑的感受。去感受你全身並標示出那些亮和暗的區域。你的頭現在感到沉重和緊張，左胸覺得開放又敏感，或者你更低層的部位感到可能被堵塞住了。

　　現在你知道你的「人形能量氣球」有著變化。在你掃描完

身體內在後，該將汽球再向身體外擴大。請想像某人把空氣或者能量吹進你。這乾淨且再次充電的精力，讓你感覺起來非常爽快，而和在海灘或者山上充電時的感覺不同。

當你吸入時，感覺到自己的人形能量氣球擴張並充滿精力。不必做任何事或者勉強任何狀態，你的能量球將變得愈來愈大。你感到光亮，也洋溢著福祉快樂。你能感受到自己的人形能量汽球，不但變得更光亮也充滿活力。

用幾分鐘的時間來讓自己的能量場擴大。讓這吸入的觀想模式，使自己擴張並且再次充電，吐氣時允許自己感覺洋溢著光亮和美。一段練習時間後，你就能檢驗自己的氣場能量氣球有多大。

它在你的身體周遭擴大了幾寸的距離，還是它擴大到幾尺了？同時感受到光亮些、感受到更多能量，或自己的球狀氣場能量更平衡了。

在一天的任何時間裡，你都能如此練習。向後坐一會兒，允許用帶有光和愛的新鮮、強大能量，再次充滿你的氣場及你的身體。

第三項修練

試著做這個實驗：下次出去時，穿一件你根本不喜歡的色彩的衣服。例如，平常你總穿著黑色、藍光或深色系的衣服，這時改穿像亮紅或豔黃光的衣服看看。縱使你一點也不喜歡這

些色彩，但我確信你一定能慢慢接受。

當你這麼做時，同時觀察正發生在你身上及圍繞著你的周遭環境變化。

檢驗你的周遭和你所遇見的人們，看看他們對你原本經常穿著色系的看法和改變後的期待？問問自己，穿不同色彩的衣服感覺怎樣？你是否會感到穿有些色彩的衣服，會讓你感到不舒服，還是你喜歡穿著變化多端和五顏六色的衣服，同時愉悅自己和朋友？

這兒有個對女性的特別訊息：晚上出去時，穿件艷紅的衣服，甚至性感些的。第二天試著穿一件大多數人認為象徵坦率務實的深藍光衣服。相信我，你不但會非常享受這樣的嘗試，而且也會感到非常驚豔。

第四項修練

在這個練習中，請特別注意將你的脊椎保持挺直。去感受全身的情感和振動。讓球形的能量環繞自身周遭，形成一圈像光暈或蛋形的氣場。

你已讀過人有像三棱鏡般的功能，現在該是體驗看看的時候了。想像頭頂上有一團柔和白亮的光。這道白光是宇宙生命能量的呈現，具有最高最強的精神能量。一旦你能感到或看見這白光，將它由你的頭頂引入身內。想像並感覺這道白光由開啟的頂輪灌入。首先充滿整個頭，然後經過喉嚨、肩膀、手臂

和身體包括腿和腳等其餘部位。

在這個再充電的過程中，你將能內視或感覺到身內有不同的彩光，這些形形色色的彩光都是白光的一環。就像透過稜鏡，白光能顯示出內含的不同光彩。請了解，白光將在你有特殊需要時，展現出任何你需要的彩光色彩。

就像一條能量的大河，這條光能的水流不斷經由頭頂注入身內，注入你全身並再經由腳底流向地下。

盡可能增加上述的體驗，跟隨著能量流的路徑並與你創造的彩光色彩合而為一。就像在稜鏡一樣，你內視時將看見鮮紅、被平衡過的綠光或者深藍光的人格同時出現。想像這些彩光變得更生動、清晰、可見。你將能看見或感到舞動的彩光。去感受白光將你轉變成一個光和色彩的生命體。

第五項修練

站在離你朋友或夥伴約六英尺遠的地方。你能將眼睛張開或閉上來做這個練習。試試以開放和接受的態度來對其他人。請你開始靠近你的夥伴，並看看你的身體、情緒或心靈的反應。在某個距離下，你可以明顯感到「異樣感」。感覺上彷彿你已經進入別人的「領域」、「氣場」或者「空間」。

這感覺依個人而定，有可能你要更近些（在五英尺或一步遠）時才感受得到？你或許注意到更靠近時會更清晰的「感受到」。你也將發現結果隨人而異。有些人的氣場較寬，有時大

到達二到三英尺。即使你靠得很近，有些人看來並不感到焦慮或有被威脅感。

如果你想更進一步進入你夥伴的氣場中。感覺或意識你朋友是屬於哪類型的人？他現在的感覺是什麼，還是哪種想法正在他的腦海裡呈現？剛開始，很難用言語表達你所感受到的，但經過一些練習後，你將能釐清能量所呈現的不同面向。

這種感覺怎麼可能？如果我們僅由固態的肉體組成，除非是經由身體的直接接觸，否則你不應該有所感覺或者察覺到任何變化。無疑的是，你應該有過無數次的經歷，你真的能感受到，正在發生的一股強而有力的相互作用和「充滿動能」的溝通經驗。

人體生命能量場圍繞著肉身，形成一種與外在環境相互作用時緩衝區的作用。如果你對人與人之間的溝通和互動感興趣，應該開始研究人體能量場的概念。溝通主要是訊息和能量交換的主要過程。

第六項修練

將心境調整到我們所想要的境地並不困難。一旦你已經決定這樣練習，將脊椎骨保持挺直地垂直坐好。放鬆自己的情感和思緒，丟開所有擾人的事，好好感覺自己的身體和能量場。

將注意力放在自己的脊椎尾端，這是個神祕之處，也是創造力的泉源。感覺看看你踏在地面的腳及所貫通的大地能量。

想像一股正在發展中的螺旋形光，並且想像這股螺旋形光芒在海底輪處振動。吸入螺旋形的氣並讓它擴大、增長，你可以感覺或看見一個小小或者巨大的動態能量。無論發生任何現象，都請繼續進行下去。

讓這個螺旋的力量變得更大、振動地更快些。讓它緩慢地沿著脊椎向上擴展、提升。當這股螺旋升起的能量向上提升時，甚至會讓你的身體稍稍移動。去感覺這股流經脊骨的螺旋形能量，穿出頭頂，進入永恆的無盡。這股能量被轉變成一種更高的振動狀態。

確認你總是感到打下好基礎，經歷能量轉變的幾個循環，並且經歷這種變換振動頻率氣場中的感覺。

第七項修練

在你所在地附近，找一間有人體氣場攝錄儀的諮詢處。在氣場分析師將你的手放上生物反饋偵測儀後，你的氣場彩光會即時出現在螢光幕上。將你的手盡可能地保持穩定，以確保偵測儀的讀數精準。現在準備開始你的氣場控制修練之旅吧！

讓自己放鬆幾分鐘，首先做幾次深呼吸，釋放平日的壓力。在每次的放鬆中，讓自己逐漸返歸於自我空間和能量場。

在這個練習過程中，透過人體氣場攝錄儀的螢幕，你可以看見自己內在氣場的變化。看你的氣場彩光色彩，特別是在發生變化的當時。記得，在螢幕上每次的變化與改變，都與你的

身體、感情、心理和心靈狀態的現況有關。

氣場控制的第一步，是認識到自己當前能量的狀態。在螢幕上注意那主導你的氣場彩光。你的主要振動頻率為何？你是一位充滿精力、活力、有創造性的「紅─橙─黃」光人嗎？或是你是一位平衡的、善於溝通和協調性好的「綠─藍」光人？或是一位直覺力強、精神程度高、心思平靜的「靛─紫─白」光人？

綠光展現出中道、平衡且和諧的特性；在彩虹光中，紅光展現出身體能量、興奮刺激和活動力；紫光則展現出比所有彩光更高的自覺、敏銳及較低維的身體能量狀態及興奮度。

放鬆你的心，感覺自己的氣場彩光。打開你的心，感受任一種彩光所要傳遞給你的訊息。就像一部好電影一樣，你的氣場能告訴你，該如何到達一個更好、更健康和更成功的生活。

下一步，是觀察你自己氣場彩光的變化。你的氣場非常平靜、協調，還是非常激動和活躍？你的彩光只有一種特定色彩，還是同時有很多色彩的彩光組合？

在你已經熟悉自己當前能量的狀態，也了解這些氣場彩光表達出什麼訊息後，請試試下列的實驗：

思考和感覺看看，你是不是在生活中老處於一種生氣或弄亂了的步調中，能愈強烈地去感受到愈好，去感覺充滿在你腹部的這股能量，調整讓自己完全融入到這感覺中。別訝異你的氣場已經改變。你是要打開更多紅光所具有的感性和興奮能量，還是要收回而進入更具備藍光或紫光特色的狀態？

　　現在，冥想並感覺在自己的生活中充滿令人愉快、洋溢愛並且充分放鬆的感覺。去感覺以全心愛一個人所帶來的治療或放鬆感。我確信，你將能充分享受剛剛冥想的影響和結果。

　　任選一種能幫你變得更能掌控氣場的技巧或工具，做你最喜愛的療程、放鬆或冥想、按摩、靈氣治療、水晶療程，磁振療程、音樂治療、彩光治療產品等，並看看這些方式對你氣場的影響。

　　當你有疑慮時，在進行氣場控制訓練的過程中，隨時詢問受過訓練的氣場分析師。甚至你可從氣場分析師的講述中，得到專業的氣場彩光判讀。記住，只有當你能自在控制及轉變成彩虹彩光中的任一道光芒時，你才真正做到「氣場控制」。此刻，你就會知道自己擁有毫無限制的強大能量。

第三部

氣場人格類型

第 *9* 章
氣場彩光測試

色彩心理學

　　色彩從一開始，便在不同人類每日的社會活動中，扮演著重要角色。像不同部落的酋長、戰士、巫師們，都會在臉上、身上或武器上塗抹一些帶有戲劇性效果的色彩顏料，用以嚇阻對手或者展現自己的社會地位。因此不論是自然界的色彩及特別從陽光中所散發出的自然彩光，這些色彩無不被運用在我們每天的生活中。

　　近三世紀以來，科學家、治療師和心理學家都已經了解色彩的重要性，並且就細節上開始研究更多色彩的重要意義。著名的醫生帕拉塞爾瑟斯，是整體醫學療法和自然療法的創始人之一，早已覺知色彩的重要性，並在其大多數的治療過程中運用到色彩的力量及知識，像溫煦太陽的黃光和黎明時帶有橙光的晨光，都被廣泛應用在其療程中。

　　十八世紀，德國詩人歌德，覺得自己的研究和作品中最有貢獻的，就在於與色彩有關的論述。他的大作《色彩理論》，迄今仍被視為色彩學的權威，本書也廣泛地影響很多人。歌德確信色彩對人的身體和靈魂都有強大的影響力，他強烈地相信

色彩和感覺之間存有緊密的關連。

著名的瑞士心理學家羅瑟（Max Luescher），發展出羅瑟色彩測試系統。很多著名的心理學家、顧問和相關專業治療師人士，都已在世界各地使用這項系統。他的工作讓色彩心理學成為一項廣為大眾接受的智識，奠定了相當重要的基礎。羅瑟博士選擇以特定的色彩組合及色度變化，來連結相應的心理狀態。舉例來說，「深藍」會與深層感覺及寧靜感有關；「紅」則讓人感到與活躍及興奮有關。

羅瑟色彩測試，已成功的測試及應用在成千上萬的病患和客戶身上，當發現受測者針對特定色彩有共振或厭惡的狀況時，必然有其對應的生理或心理因素以導致相關病症。這似乎成為一種普遍性的真理，不管是哪種競賽、哪個年齡或者性別，都有相同的反應。羅瑟色彩試驗主要是為了專業醫療人士或顧問師設計的，但也有適用於一般民眾的測試基本版。內科醫生和治療師運用色彩試驗，作為在其心理診斷過程中的輔助測試，他們發現色彩測試能早期診斷出壓力和緊張所引致的問題，而這些症狀往往在受測者的生理上，尚未有明顯徵兆。

探索氣場彩光人格

氣場彩光試驗，是你邁向自我發現和自我治療旅程的第一步。相信、知道並且理解自己真實的人格類型萬分重要。如果我知道自己的身心狀態、思想和動力、社交能力和人際關係、自己的目標和願望，以及知道我是誰和我怎麼與外界互動，我

將能超越原本的氣場光芒，而成為散發出擁有彩虹般全部氣場彩光的一個多維度人格。將不再局限於氣場原本的特定彩光；相反地，將能隨意地呈現任一個我想展現的氣場彩光能量。

　　從我自己和成千上萬經歷過人體氣場攝錄儀者的經驗中，我知道氣場彩光試驗能幫助你：

- 更理解自己。
- 知道你的深層的身心相互作用和行為模式。
- 讓你更知道該如何履行與你自己、你的夥伴及家人、朋友的關係。
- 更好地理解其他人，這不但對幫助個人人際關係，而且對做生意、談判、溝通等均有幫助。
- 讓你能接受並理解，為什麼有時好像其他人會和你的行為或思考方式極其不同。
- 發現你好的特質並且進一步發揮，去除不必要的個性缺失和行為。
- 找到很多關於你自己一直搞不懂的問題，與更進一步認識自己內心。

　　因此，邀請你來發現並探索你自己的氣場彩光人格。

　　如果我們特意花些時間觀察周遭的人，你會發現有非常多樣的人，他們各自擁有獨特的個性、品性和行為。有些人老往外跑、外向、愛說笑；有些人注意細節、好分析、組織性強；有些人則安靜、愛好和平且內向。透過簡單的觀察，我們就能在整個社會中觀察到所有身體、情緒表達、信仰體系和廣泛多

樣的行為方式。

多數具有思考能力的人，都能理解並且相信每個人都擁有具體和獨特的人格。隨之的問題是：你真的活出完全獨特的自己嗎？每個人是否都能在生命中體驗到完全獨特的內心世界？你經驗了哪一種情緒和思想的國度？是否有某種特定普遍的特性、行為特質和基本人格型態，將人予以組織且吸引在一起？還是，有某些超越了我們的人格特質以外的事存在？

歷史上，有很多人嘗試以分類或整合的方式，針對不同的人格性格、本性等，進而得以匯整成一套能讓我們學習及理解的系統。這些分類專注於內在的進程，並提供我們關於個人內在生命深度的訊息。

古希臘時代的希波克拉底，首先開創了第一套人格類型系統。他的模組將人分成「四種特質」，也就是把所有的人格特質區分成四種主要的和完全不同的類別。為了易於傳播，希波克拉底將這四項特質命名為「樂觀、冷漠、憂鬱和急躁」。過去三百年，科學家、治療學家和心理學家，已經明確知道，氣場彩光和人的感情或者精神狀況連繫的重要性。

最近幾十年心理學的領域，已經認識到基本上只有一些典型個人行為的人格類型。現代心理學的創始人凱爾，已經使用「原型」描述人行為的架構。二〇年代初期，發展出現在已成為經典的「人格類型的理論」。

自從一九七〇年來，全世界都承認羅瑟大師的色彩治療方法，他是一位瑞士心理學家。其他國際上眾所周知的心理學

家、顧問和治療的專業人士，都使用他的「羅瑟色彩測試」法，他的工作普受大眾接受，並為色彩學的重要性打下基礎，特別是在治療時使用。他的發明也使心理學第一次被接受，成為一門科學，羅瑟色彩試驗發現，在不同的原型中，各自擁有不同心理的人格和色彩有一定直接的關聯性。羅瑟色彩試驗已經透過醫師和商務諮詢的使用，迄今已成功使用超過四十年。不過，此試驗主要集中於我們的人格心理方面，並且只使用一部分的方法。

氣場彩光治療，提供附加關於連接氣場彩光質量，以某種個性、品性，甚至在身體的各個領域發揮功能。用氣場彩光治療某些氣場彩光，常在因應感情、心理和身體問題。例如，紅光表明身體神經系統的刺激，綠光正趨於穩定和平衡，藍光使情感和想法平靜並且擴展平和的心境。由於氣場彩光治療，我們在氣場彩光和精神分析情緒狀態的影響之間，找到一個清楚的連接和相互作用的模式。

使我訝異的是，人格模組並未真誠地被主流的治療學派或心理學團體所研究。很多思想學派繼續否定這項看法，他們否定人格可以經由分類並應用於協助心理與整體健康，及為人帶來安寧。

幸好，很多心理學家、顧問和其他健康專業人士，完全知道上述概念，並將其關於人性和行為的知識，併入了他們每天的例行診治中。這在身心治療領域裡更為顯著，有愈來愈多的開業醫生使用並整合運用，這些人格特質及行為與我們的生

理、情緒和心理健康密切相連的概念。

當今部分人格模組分類被認為仍有爭議，因為大學教授們認為其間理論尚不夠「科學」。他們無法被一個以存在主義或科學概念的觀點來認識，或在概念上被認知。科學、知識、分析等等，是人類左腦的認知屬性。理解人體氣場和彩光的能力，則需要開啟右腦專有的直覺、內在智識、敏感性和其他相關的特性。

氣場彩光測試，同時與我們的左、右大腦合作。作為人，我們不但能以直覺理解概念，也能在日常生活過程中實踐並運用。一個科學性、擅分析的人，能開始修練自己的直覺性、藝術性，那他們將可學習得更多並且更加拓展自己。具直覺和藝術特質的人，為了要成為一個人格完整、完全的人，也需要整合並同步運用自己的左、右腦。

氣場彩光測試

過去的一年，我們測試數種不同的色彩性格測驗。讓色彩試驗失敗的潛在原因之一是「你一受測者」，身為一位客戶或者玩這項試驗的人，必須選出你最想選出的某些色彩或者色彩組合。然後，你所選的這些色彩選擇，將成為測試或者心理研究的基礎和前提。

選擇色彩是一個非常主觀的過程，它會受到文化、競爭甚至是宗教信仰的影響，並且可能無法準確地反映出一個人真實的人格或者靈性。這些選擇甚至可能因近來流行時尚的品味而

影響受測結果。過程是主觀的，並且結果有時並不精確。

再來，是第二個彩光原型測試只被有限運用的理由。作為人，我們有能力讓自己更聰明。我們持續地尋找理由以決定做某些事情或者不做。人很容易尋找一些較容易的方法來做事，有時即使不對但也無法改變這選擇。

有次，當我進行關於「你的氣場彩光」研討會時，有個非常有趣的經驗，有位看來年輕的女孩，她的氣場照中有片深紅凸顯的彩光，在我開始解釋這些彩光及其意義前，她十分堅持說我所謂的「紅」，實際上應該是粉紫光。她繼續詳細的說明（對她自己也對其他人），對粉紫光的色彩極盡褒揚。當然，她的解釋是錯誤的，但沒有任何邏輯概念可動搖她的看法。

多年來，我已經觀察到，多數人會在標準彩光測試實驗中，有意識的挑選某些色彩，原因是他們了解自己所選色彩與自己的關連。我能明確的了解，有些參與的受測者挑選紫光或者白光的原因，因為你會發現他們大多較具有靈性。有的人則選擇藍光，因為藍光象徵寧靜與平和。我的看法是，人們之所以會有一種傾向選出特定的色彩，是因為他們的內在感覺得到這些光，促使他們選它出來。

由於人體氣場攝錄儀，我們已經消除「主觀上」的色彩選擇問題。我們將透過生物反饋偵測儀，實際量測你內在的能量流動及活動狀態。

即使，你藉由一份氣場彩光測試表找到自己的氣場彩光，我們依然強烈建議，你必須再經由人體氣場攝錄儀檢視一次，

或者到你所在地區有人體氣場攝錄儀的諮詢處，進階檢視。

氣場彩光人格分析的面向

如果我們討論人格，那也必須考慮，作為該人格，我的想法、信仰、感覺和情感的組成，我認為是什麼？我感到哪種情緒？我怎樣表達情感？什麼信仰、動力和知覺，在我的生活過程中是最重要和有影響力的？

氣場彩光測試，讓你全覽所有的人格類型特質，並讓你看到彩光間的互動關連。

當出生時，每個人都接受了某種特定模式來經驗自己的生命。我們選擇以獨特的方式運作，選擇無價的人體儀器來操作並處理情感和想法。我們也選擇了特定的信仰或靈性道路，以完成自己一生的任務或者目的。

童年期間，我們從所生長的環境中形成人格和品格特徵。透過訓練，我們緩慢地適應來自父母或家庭的行為，並且合乎邏輯相信他們的一切並成為我的慣性。在很大程度上我們接受這些被灌輸的信仰，相信自己所接受的社會規則和條例。結果被這一切影響而形成自我的習慣。因為這個過程繼續發生，失去我們原有的人格是極可能的。只要我們找到自己、發現自己，了解自己的人格和性格，將能真正地經驗真實的生活。

在我們的身上，有著許多被動且無奈地從父母或親人處傳襲下來的特定人格特質，這些影響往往讓個體失去體驗自我內在真實感受的機會，丟失了某些美好，總是讓人缺乏對完整內

在感受的經驗。在太多的實例裡看到，因為我們常常努力於去滿足、實現別人的預期和理想，我們在錯誤之道中尋找自我，我們遇到了不對的人，深陷於艱困的人際關係中。讓人有種看法，認為自己的一生看來受盡折磨與痛苦，沒有中心思想，也沒意義。

難道這不令人感到驚嘆嗎？如果知道什麼是你生命中運作的專有工具和儀器？同樣令人驚嘆的是，你會知道在沒有任何外力影響或控制下時，你將成為什麼樣的人？你又如何在這樣的現實生活中體驗或過活？難道你不好奇什麼樣的工作、人際關係、社會地位對你最好？

我能確信地承諾：如果你完全了解真正的自己，了解你怎樣處理及經驗生活，並且發現，你能運用的能力是什麼，你將能達成你的願望並獲致成功，並愉快地對待生命。

一旦你讀過所有的彩光人格，將發現其間的一兩種彩光，會非常準確的反映出你的特質。在讀「紅光人」這一節時，一位典型的紅光人將立即認識到這就是我。想努力表達肉身以外的像是彩光、能量、心理圖表和心理狀態等，有時是很困難的。同樣的，想解釋或者分辨清楚變化多端的陰陽能量的品質也是相當困難的。

沒有哪個氣場彩光人格會比其他彩光好，也就是說，氣場彩光無所謂好壞，每種彩光人格都有其優點也有其缺點。我們並不局限於個別的氣場彩光人格。實際上，每個人永遠都有機會呈現一個或數個氣場彩光。我們一貫活在變化般如彩虹的氣

場光中，表示我們能經歷生活的全部類型。沒有好或者壞的氣場色彩質量或者氣場彩光人格，所以不必預期會看到什麼樣的彩光形態。氣場彩光是完全中性的。關於一個人會呈現出什麼樣的彩光品質，完全取決於此人如何體驗生活。

「彩光人格」代表特定彩光與特定人格特質、行為特徵、身心反應、信仰體系、情緒和心理以及心的關連性。人在生命的每一階段中，正常狀態下都會展現出一、兩種主要的彩光人格，所呈現的彩光人格會清楚地反映出你如何經歷生命。它也將告訴你關於你的反應、你的企圖心、你的野心、你的行動方式，乃至於你的內在感知。

氣場彩光試驗可被用於了解更多的自己，並且帶領你更清楚、更注意的了解其他人。首先第一步，知道什麼才是真實的你，然後了解你所擁有的潛能。第二步是開創你發自內心真誠想要過的夢想生活。

人體氣場攝錄儀技術和氣場控制已發展多年，此項科技及生物反饋成像技術，已透過數以萬計的案例研究而確定。我們也結合並吸收了生物反饋、生命能量及色彩心理學領域中，及經驗豐富的專家們廣泛的研究資料。

一旦你已經找到自己的彩光人格，請詳讀這些關於特別彩光的人格詮釋。

每個氣場彩光人格，都有五個不同的分析面向。這些面向能帶領你洞察自己是如何在現實生活中生活的，是一項能補強真實生活中你的優缺點的工具。

這五個面向分別是：

一、身／心狀態

你怎樣表達自己，怎樣處理感覺和情感，怎麼表達並且讓你的情感轉變成具有創造性。你的想法，怎樣擴大心理能力並用於帶給你最大利益？什麼鍛鍊或者運動有益於你？你相信什麼，什麼給你帶來精神性或者宗教上的幫助？在你生命中的自我任務和生活目的是什麼？做事情的原動力是什麼？

二、社交生活

你具有什麼社會地位才會滿意？你怎樣與他人互動？你如何與你自己和其他人溝通？

三、人際關係和親密關係

哪種關係有益於你？哪種人與你相容或相斥？你吸引哪種伴侶？你如何經歷性與親密關係？

四、工作和財務

什麼工作適合你？你的領導風格如何？怎樣做對你的生意最好？你怎樣處理資金和運用金錢？當面對問題時，你如何回應？你解決自己和其他人問題的最好模式是什麼？

五、健康、幸福和發展

你如何為自己的生活能量再充電？你能使用什麼方式取得幸福、均衡和權力？你如何激發自己發揮全部潛能？你如何均衡發展身心靈？

有幾項運用氣場彩光測試的建議，譬如你想拓展自己的知識，那你可以讀遍十二種不同的彩光人格類型，如果你只是想

了解自己的彩光，進而簡單看出與自己有關的一切，那你可以找一處有人體氣場攝錄儀的地方量測一下就知道。如果你找不到人體氣場攝錄儀可量測彩光，你可藉由下述的彩光檢測表找到自己的彩光人格型態。

首先，閱讀所有彩光人格模組的每個部分，以找到你自己的彩光。你能用透過檢視後所挑選出最多的問題或者陳述，來確認自己較有可能是哪項人格類型。如果你讀完一個陳述並且認為「是，是我」或者「是，有時，或許」，請進一步檢查這個陳述的內容。當你看完所有人格類型，計算一下你在哪項人格類型中的「是」最多。

如果你的答案「是」在紅光中有五個、橙光有九個、黃光有四個等，顯而易見的，你應該是個橙光人，你可以更進一步看看介紹橙光的章節，並且更進一步探索它。

當你仔細閱讀詢問表時，回答這些陳述，保持開放的心並且自我審視。不要隱藏任何事情或者努力想掩飾感覺及想法。氣場彩光試驗，是設計成為幫助你自己和所有人的工具，唯一需要的是誠實和真實。

其次，努力釐清已經根深柢固的個性、品性、態度或者行為。在成長的歲月中，我們常常無形中沾染上別人的氣場，包含我們的父母、夥伴或社會和工作環境，這些常對人有莫大影響。你關鍵的目標是要找到自己的人格模式，並非你父母的、朋友的或者同事的。讓這個觀念成為你心中最重要的概念，這概念將幫助你在回答問題的過程中，清晰分辨並回應內心。

　　第三，你可能發現自己不只擁有一種彩光人格模式。我們的經驗是，大多數人將非常清楚明確的連結上某種人格類型；有的人則會發現自己擁有多種彩光類型。因此，不要懷疑自己擁有數種彩光人格模組。如果你發現某種彩光人格問題中，你有超過六個「是」的回答，請更深入探索這項彩光的主題。

氣場彩光人格類型檢核表

深紅光──勞動者

☐是　☐否　我是一個現實主義者，並且只相信我能看見、能接觸的一切。

☐是　☐否　我對自己的家庭、社區或者社會具有忠誠、奉獻精神。

☐是　☐否　我不大談論自己的內心想法和感覺。

☐是　☐否　有時我的脾氣暴躁，會透過肢體表現出來。

☐是　☐否　我的體格強健，但行動較緩慢。

☐是　☐否　和朋友一起逗留在酒吧，遠比待在家裡有趣。

☐是　☐否　我喜歡看比賽活動，像是足球、拳擊、橄欖球等。

☐是　☐否　我著重性慾，也很愛展現我對肉慾的感覺。

☐是　☐否　每隔一陣子，我都會面臨生存挑戰、戰鬥或對抗的情勢。

☐是　☐否　務實和腳踏實地是我最佳的寫照。

☐是　☐否　我需要獲得立即、明確和具體的結果。

☐是　☐否　耐力、力量和重視團隊是我的優點。

選項為「是」的總數 _____ 。

紅光——獲勝者

□是　□否　我是透過身體和性別特徵來表現自己。

□是　□否　我喜歡快速、期待和刺激興奮的生活。

□是　□否　我好勝、渴望成功，並要獲得實際成果。

□是　□否　我是個誠實、耿直、直截了當的人。

□是　□否　我強而有力，自信、獨立並實際。

□是　□否　我有非常的怪僻、性格和獨特行徑。

□是　□否　我與人的互動中，充滿衝動、刺激性與暴躁
　　　　　　的行為。

□是　□否　我很熱情，性的關係或事情，對我而言非常
　　　　　　重要。

□是　□否　性對我而言是深度渴望、肉體的饗宴及令人
　　　　　　激奮的經驗。

□是　□否　我在人際關係裡需要自由與獨立的空間。

□是　□否　我是一位勝利者和領導人，我能得到所有我
　　　　　　想要的。

□是　□否　我需要成為被關注的中心人物。

選項為「是」的總數 ＿＿＿＿＿。

橙光——冒險者

□是　□否　我熱愛裝扮自己的外在。

□是　□否　我能沉浸、享受於快樂之中，生命中也必須
　　　　　　充滿著冒險。

□是　□否　我總是想像和計畫自己工作的下一步策略。

□是　□否　我思考和計畫總是極明確、重視細節、一步
　　　　　　接一步。

□是　□否　放手、消極和鬆弛，都不是我的優先選項。

□是　□否　我看起來強而有力、強壯、堅強，有時愛出
　　　　　　風頭。

□是　□否　我需要控制我的生活、人際關係及工作。

□是　□否　我不大在意別人是怎麼看我、感覺我。

□是　□否　對我而言最重要的是不受拘束和獨立。

□是　□否　我對計畫案、生意、銷售或者行銷有興趣。

□是　□否　我討論的重點會放在計畫案及挑戰。

□是　□否　性對我而言有趣又快樂，是值得的冒險。

選項為「是」的總數 ＿＿＿＿。

橙黃光——科學家

□是　□否　我熱愛創新、塑造及組織想法和概念。

□是　□否　我是一個非常重視邏輯、分析、理性和重視順序的思考者。

□是　□否　我喜歡看到現實背後的證據、邏輯和數據。

□是　□否　我需要秩序、穩定、組織化和安全。

□是　□否　我熱愛研究、學習或者討論自己的想法和各種概念。

□是　□否　我喜歡規律的日常生活步調。

□是　□否　我講話很慢、很注重細節，很謹慎，會先想過再說出口。

□是　□否　一個安全的家和穩定的家庭，對我而言非常重要。

□是　□否　我更喜歡穩固、長時間持續和具承諾的人際關係。

□是　□否　我喜愛做跟機械或電子機件有關的工作。

□是　□否　我喜歡一份安全、穩定又收入正常的工作。

□是　□否　我誠實可靠和值得信賴，人們都可倚賴我。

選項為「是」的總數 ＿＿＿＿＿。

黃光──演員

□是　□否　我需要樂趣、玩耍、運動或待在人群中。

□是　□否　我是愉快、心情好、興高采烈、逍遙自在並
　　　　　　享受生命。

□是　□否　我需要身體活動、鍛鍊、定期運動。

□是　□否　我的身體非常敏感，像是一組生物天線般。

□是　□否　我能自然地擁有許多富有創意的點子。

□是　□否　我是非常閃耀、聰明和容光煥發的人。

□是　□否　我喜歡旅行、在海邊放鬆心情或整夜跳舞。

□是　□否　我看起來比實際年齡更年輕。

□是　□否　我不想被責任或者承諾拘束住。

□是　□否　我喜歡藝術、創意的工作，或運用我雙手工
　　　　　　作的事。

□是　□否　我在工作一開始時表現不賴，但往往在事情
　　　　　　完成前就放棄了。

□是　□否　約會時，我總是會遲到。

選項為「是」的總數 _____。

綠光──教師

□是　□否　我非常有交際手腕、擅長溝通且表達自然。

□是　□否　自然和人，對我而言非常重要。

□是　□否　我喜愛動物，特別是狗、馬和貓。

□是　□否　我喜歡指導別人、與別人分享或者提供他人
　　　　　　建議。

□是　□否　我能針對不同話題，持續交談好幾個小時。

□是　□否　我在生活中需要寧靜、和諧與平衡。

□是　□否　我喜歡和親密的朋友、親屬及家人相處。

□是　□否　我的心很開放，思惟敏捷並善於溝通。

□是　□否　人際關係和朋友是我生命中最重要的。

□是　□否　我對親密關係的定義是戀愛、愛慕和分享。

□是　□否　很多人會認為我是一位好教師、治療學家或
　　　　　　顧問。

□是　□否　我需要分享和表達出自己的內在感情。

選項為「是」的總數 _____ 。

深綠光——組織者

□是　□否　我熱愛學習和持續的腦力激盪。

□是　□否　我的思惟精確敏捷,而且記憶力極佳。

□是　□否　我深具雄心、具有競爭力,目標導向且期待
　　　　　　完美。

□是　□否　我個性堅強,堅毅不拔和自尊心強。

□是　□否　我會用財富、奢侈品和金錢來展現社會地位
　　　　　　和能力。

□是　□否　我發音正確清晰,溝通快速敏捷、清楚而直
　　　　　　接。

□是　□否　我的信仰和行為極為保守。

□是　□否　我是引人注目的,只穿昂貴或訂製的衣服。

□是　□否　我對夥伴、朋友和工作的期待很高。

□是　□否　我是個工作狂和完美主義者。

□是　□否　我喜歡獨立、高階或報酬優渥、有執行權的
　　　　　　工作。

□是　□否　我寧可策劃事情,也不大願意真的去執行。

選項為「是」的總數 _____ 。

藍光──好幫手

□是　□否　我非常熱愛和平、關懷別人、支持別人。

□是　□否　我關心別人比關心自己更多。

□是　□否　愛、上帝和靈性對我而言極其重要。

□是　□否　我需要被人關愛和賞識。

□是　□否　我的手腳有點冰冷，新陳代謝較慢。

□是　□否　我非常社會化，喜歡一直待在人群中。

□是　□否　我非常保守，有一股很強烈的家庭價值觀。

□是　□否　我想要一種洋溢健康、愛和關心的人際互動
　　　　　　方式。

□是　□否　愛情和愛慕遠比性愛或激情重要多了。

□是　□否　我很難在自己與他人之間設限，或者說不。

□是　□否　我是一個天生的管理人才、顧問或治療師。

□是　□否　我雄心不大，也往往無法專注於目標。

選項為「是」的總數 ＿＿＿＿。

靛藍光──探索者

□是　□否　信任、忠心和誠實對我來講極為重要。

□是　□否　生命的價值在於愛和慈悲。

□是　□否　我跟著直覺和內在感覺走。

□是　□否　我能感受藝術、創意和高層的靈性。

□是　□否　我柔軟而敏感，自覺且獨立。

□是　□否　我是一個腦筋保持清晰直覺力而且保守的思
　　　　　　想家。

□是　□否　我需要一個受到保護和安全的環境。

□是　□否　靈性和愛，比肉體的性和激情更為重要。

□是　□否　我對自己的身體與現實的連繫上有困難。

□是　□否　我喜歡透過音樂、舞蹈或藝術的方式，來表
　　　　　　現自己。

□是　□否　我需要空間以接納我的內心信仰及原則。

□是　□否　我喜歡在他人成長發展的過程中，給與協助
　　　　　　和支持。

選項為「是」的總數 ＿＿＿＿＿。

紫光人──遠見者

□是　□否　我是一個深富夢想、直覺力和創新的思想家。

□是　□否　我能感受到身體和力的作用，並且十分敏銳、直覺。

□是　□否　我想成名，或在生命中做些重要的事。

□是　□否　我經常同時過於分散自己的注意力或涉及太多事情。

□是　□否　我常想要鼓舞並幫助改進地球或人性。

□是　□否　我常展現一股具有磁性和力量的神奇氣勢。

□是　□否　我常會在成為領導地位或者權力中心後抽離。

□是　□否　性衝動時，我會非常激情和迷戀肉體。

□是　□否　我熱愛音樂的激情和力量。

□是　□否　成功對我而言是活在我的憧憬與夢想中，並履行我的天命。

□是　□否　金錢所展現的是我的能力、影響力和未來的可能性。

□是　□否　我需要在無拘束下擁有自由空間以履行夢想。

選項為「是」的總數 ＿＿＿＿。

淡紫光——夢想者

□是　□否　我的身體非常脆弱、敏感。

□是　□否　我是一個富於想像力、擅長鼓舞人心和深具藝術性的思想家。

□是　□否　我相信夢境、天使、靈性以及更高層次生命的存在。

□是　□否　我無法長時間的聚焦或集中注意力。

□是　□否　我依著感覺和直覺來過生活，而非理智。

□是　□否　我喜歡談論自己的想法、幻想和夢。

□是　□否　我深具開創性，並充滿了奇蹟與想像力。

□是　□否　我的記憶力不佳，經常遲到，突然改變計畫。

□是　□否　我愛柔和、靜心冥想的音樂、蠟燭及熏香。

□是　□否　我喜歡在放鬆、沒壓力的環境裡工作。

□是　□否　我很難完成工作。

□是　□否　我喜歡藝術、治療或形而上學。

選項為「是」的總數 ＿＿＿＿。

白光──治療師

☐是　☐否　我有卓越和耀眼的外表。

☐是　☐否　我非常敏感、易受傷害且容易被打倒。

☐是　☐否　我能調整頻率至現實以外的不同空間維度。

☐是　☐否　禪修、靈性、自覺、治療是我的優先選項。

☐是　☐否　我希望自己的心要維繫在具有療癒力和卓越
　　　　　　超然的狀態下。

☐是　☐否　讓我的內在與上天連繫，是非常重要的。

☐是　☐否　我傾向於內向、沉默和寧靜。

☐是　☐否　我能感受到其他人的情感和想法。

☐是　☐否　我非常容易承擔別人的能量和特質。

☐是　☐否　我喜歡有相當多的獨處時間，好為自己充電。

☐是　☐否　我會選擇在安靜、平靜、詳和的環境下工作。

☐是　☐否　我喜歡跟治療師或諮商師的人一起工作。

選項為「是」的總數 _____ 。

　　氣場彩光測試，是邁向自我探索之旅的起始點。如果你希望更深層探索複雜的氣場彩光，可以體驗使用影音多媒體動態，即時顯現氣場氣輪能量的人體氣場攝錄儀。它的特色在於結合了交互式詢問、音頻和多媒體影音的技術，可以協助你快速找到自己的內在動力。

　　使用詢問表檢視每種氣場彩光，以找到你自己的人格模式。記住，這並非測試你的人格，而在於探索你的身心、你的行為模式。

　　下列步驟將引導你：

　　1.看過全部十二種氣場彩光人格，並且檢查你感受到的及反映出自己的陳述。

　　2.哪些人格模式最像我？

　　3.在你繼續之前，先寫下氣場色彩人格摘要並且證實你的選擇。

　　4.一旦你已經確定想要更進一步探索哪種人格模式，請更仔細地看這一部分資料。

　　5.詳讀你的人格模式，並且努力在你的日常生活過程中審視是否符合。

　　6.回到詢問表，繼續探索其他的彩光人格模式。

　　7.問問你的夥伴、家人、朋友，並找到他們的氣場色彩人格及和自己的彩光互動關連性。

　　請記得，人是彩虹光的總集，而非僅其中的單一色彩。每個人都有能力擴展自己，並且實踐自己需要或想要的任一種彩

光品質。但在我們能做到之前，我們必須了解自己的內在世界，也應該知道自己深層的個性、品性、行為、信仰和動力。

十二種彩光人格類型

以下所列的彩光人格模組關鍵字摘要，是我們經由研究全世界成千上萬受測者後所訂下的。氣場彩光測試區別出十二種不同特質的彩光人格類型。

1. 深紅

重身體感覺、勤奮、行動派、力量、求生存

現實主義、體能活躍、生命力、務實

力氣、耐力、身體探索

2. 紅

興奮、肉體、競爭性

領袖、求勝、成就、勝利、勇氣、意志力、性慾

企業家、創辦人、喜悅、享受、挑戰、感動、自信

行動導向、興奮、生產、肉體

創意表達、冒險、商務生意

3. 橙

喜悅、享受、挑戰、感動、自信

行動導向、興奮、生產、肉體

創意表達、冒險、商務生意

4. 橙黃

分析、理性、注重細節、邏輯概念強

結構性強、安全感、科學、誠實、可信賴

完美主義者、思考和行動精確

5. 黃

愛嬉鬧、樂觀、創意、有趣、閃亮、愛學習

活動、光采散發、積極

溫暖、迷人、慷慨、好相處

6. 綠

社交手腕、長袖善舞、滿足、和氣、老師

喜歡溝通、喜歡和別人分享

極度社會化、完美的主人

7. 深綠

反應快、目標導向、富裕、重物慾

暢談無阻、奢侈、領導者、有責任感

組織力強、駕馭力量、雄心壯志

8. 藍

有愛心、敏感、樂於助人、忠誠、好幫手

慈悲、和平、樂於服務

樂於幫助或培育他人

9. 靛

清晰、鎮定、深度的內在感覺、愛、探索者

內向、內在智識、誠實、高水準

內在價值感、藝術性

10. 紫

直覺、藝術、理想主義、魔力、肉慾

理論家、未來主義者、夢想家、有魅力

遵守習俗、潛能、創新發明

11. 淡紫

想像力、神祕、白日夢、空想

藝術性、柔軟、創意、易受傷害

經常表現出迷糊狀態、不切實際、空泛

12. 白

卓越、轉化、清晰、靈性

治癒力、安靜、深具啟發智慧、敏感

處於具有高階治療能力的層面、與靈性有強烈連繫的能力

第 *10* 章

氣場照片及詮釋

　　本章介紹了一些用氣場攝錄系統來進行的測試及結果。同一位測試者在不同的實驗中，分別拍下不一樣的照片，在解說中更詳細地說明了實驗成果。你可以用這些說明當作參考，詮釋自己的氣場照。

　　要強調的是，如果你有身體上或其他健康上的問題時，應該去找適當的醫師、自然療法醫師或合法的治療師諮詢。本書中所概述的原則和對氣場照的詮釋，絕不能替代正式醫療或治療的行為。

　　這些知識主要給與我們對於知覺、真實的自我，和身體裡的能量進行的相關資訊，當一個人對自己微妙的行為模式和性格反應了解得愈多，愈能夠預防那些會對自己的幸福產生威脅的因素發生。對於你自己的氣場照，想得到詳細的分析和正確的解釋，請找一位經驗豐富的氣場分析師或治療師諮詢。

全身氣場氣輪圖及生物反饋數據圖表說明

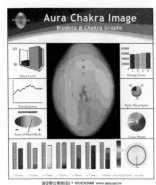

抗壓指數表

顯示身體的壓力及放鬆程度，能真實反應出您的身體放鬆狀態。

情緒反應表（測謊儀）

顯示您的情緒反應狀態、真實的想法及內在感受。

身心狀態表

顯示您整體身心的關連狀態，像壓抑或鬆弛。

氣場大小圖表

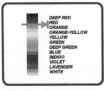

以極佳的視覺化方式，敏銳量測並展現您的氣場大小。

人格特質表

迅速檢定您的氣場彩光主光人格。

能量狀態表

能量狀態表能顯示身體不同部位的能量渠道振動頻率。

身心靈圖表

顯示您現在的身心靈相互關連。靛色—身體、綠色—心理、藍色—心靈。

彩光輪

為彩光治療的核心。顯示氣場彩光的分布，並透過陰陽指針顯示您左右側氣場的平衡度。

七大氣輪能量狀態圖表

透過百分比顯示七大氣輪能量現況及相互間的關連。

常見橙光人氣場氣輪問題

　　心臟部位光度特別亮，顯示心臟的活動量大，與橙光人勇往直前的個性有關。頭部的明亮黃光，代表其近來極度用腦思考、謀略，腦部活動量大；但也正因為如此，會導致橙光人日有所思、夜有所夢，以致睡眠產生問題，這點從身心靈圖表的身體比例高至40可資驗證。

　　橙光人行動力旺盛，但未經深思又衝得快的動能，卻往往為其帶來溝通方面的問題。右側的光亮藍光顯示其在過去一段期間的積極付出，驗證於心輪的形狀，可看得出其並未得到適

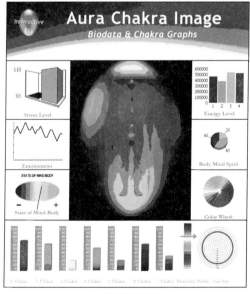

橙光人

度的回饋，給得多而得到的少，會讓其更加心慌而口不擇言，但說的話不但沒能幫得上忙（暗黑靛色喉輪），反倒為其帶來更多的人際困擾（棕黃的臍輪）。反覆的錯誤，讓他縱使在未來有得到助力的傾向，但不改變行為想法的結果，是讓他陷入低潮與困境，反將自己封閉起來（左側黯淡靛光）。

在氣輪圖表中可看到海底輪及臍輪的活動力較為旺盛，配合顏色可看出呈深紅的海底輪及呈棕色的臍輪，象徵此人面對生存及情緒上的壓力，放鬆是對其最好的治療之道，但也是他最難做到的。不過此人雖壓力不小，但抗壓性不錯；可是一再消耗空轉的結果，將讓他備感艱辛，信心盡失。

左右側氣場及頭部，都有明顯的帶狀氣場破洞，黑暗無光的氣場代表能量低，容易被外來侵擾的能量從這些破洞部位滲入，所以應該盡快補足能量。腳部異常亮的色光，顯示其想打好基礎的務實心態，但與其像無頭蒼蠅一般衝動亂做，還不如先自己整理一下思緒，想清楚後再做，不妨多聽聽朋友的建議。能量狀態表中綠色柱顯示心部振動的頻率偏低，代表心中壓力沉重，難以放得開。

身體注意事項：腸胃均不佳、睡不好，但這並非身體問題，而是心因性的，要透過放鬆或將往上衝能量導下的方式來紓解。

情緒注意事項：過於緊張，要適度放鬆、不要因為一時的挫折而心情低落，擅用綠色貴人光的能量，從朋友中找尋助力，但講話不要太衝。

　　幸運能量：具有穩定情緒、寧神定魄的琥珀是不錯的選擇，運用調合情緒、改善人際的臍輪精油，頭部可藉由藍色枕墊或青金石等寶石舒緩無法放鬆、難以入睡的異常能量。

常見黃光人氣場氣輪問題

　　黃光人是聰明的、活潑的、有趣的人，他們的聰明會讓其產生無與倫比的自信，所以大部分黃光人的太陽神經叢都特別大而擴散，但有時自信會蒙蔽了他的智慧，讓人看不清、聽不進旁人的諫言，也讓自己在無形中被孤立，所以與外在人際互動有關的臍輪及心輪能量，都將變得枯竭而形狀弱小。

　　黃光人更大的問題，是他們根本不認為自己有這樣的狀況，如果你告訴黃光人應多站在別人的立場上，多幫別人想想（加強心輪能量），不要一意孤行（降低太陽神經叢能量），黃

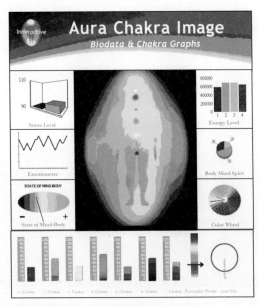

黃光人

光人最常回答你的話是：「不會吧！我對別人都很好啊！每一個人該做的事我都幫他們想好了，他們不用花任何腦筋，我怎麼會對他們不好呢？」黃光人很難自覺其實別人要的不是他的安排或規定，而可能是更多的參與、討論及共識，並非接受他一味的決定。黃光人很難發現這點，這是一種學習很強的動力，不由自主的就會表露出來。黃光是最容易超脫羈絆而得到高度覺知的彩光人之一。

黃光若透出白光就是金色光華，金色象徵最高層次的圓滿覺悟，所以黃光是藉由理智直接邁向最高覺知最快的彩光之一。圖中黃光人的眉心輪圖形擴散、能量較強，但因臍輪能量不佳，故不建議其運用過多的直覺來判斷人事物。

眉心輪偏強的能量也可能導致眼睛乾澀、頭部感到緊箍。由於頭部氣場黃光光度不強，顯示其想法固執，幸而此人左右側氣場都有清亮的綠光，代表助力的挹注，能讓他逢凶化吉。身心狀態表及抗壓指數表都透漏出壓力感頗重，最近的消化吸收也不佳。失衡的黃光人常會遲到，他絕對不是故意的，但不管再怎麼提早準備也難以讓他準時。整體氣輪能量平均不到50分，氣場稍偏中大，代表外強內乾的能量失衡狀態，要多專注於想達成的目標上。

身體注意事項：多關照胃部及心肺問題，腸吸收不佳。

情緒注意事項：避免自大，多尊重他人，少直言直語。

幸運能量：體驗心輪精油，增強同理心，胸前配戴黃水晶增強氣場能量，左手配戴捷克隕石或綠色寶石迎接貴人。

常見綠光人氣場氣輪問題

　　綠光人通常是一個熱心溫順的好人，人際關係的好壞是他最介意的事，也是自我評估的依據。綠光人最不適合藏心事，如果心裏有股怨氣、不滿或情感無法抒發或吐露，將直接陷入情緒低潮，身體也立感不適，不過這些不適並非真的身體出了狀況，而是情緒上的問題，等心結一開，綠光人馬上神清氣爽、萬病皆消。

　　圖中綠光人的心輪形狀古怪而大，顏色也偏墨綠，代表他心中有事，內心有股強烈而執著的情感想表露。右側氣場較左

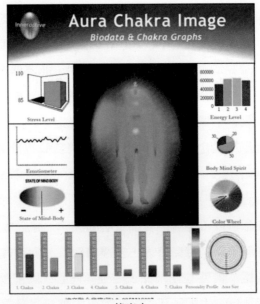

綠光人

側活躍，可能難以表達自己的情感，右側身體也要檢視是否有生病現象。

　　氣場圖表顯示氣場大，代表能量活躍，但這類似「燥熱不安」，很快就耗損此人能量。頭部氣場無光，象徵壓力罩頂，以綠光人而言，應試著到郊外走走或抱抱寵物或找人講講話，暗暗的黃光象徵固執不化，憂慮過多而難以抉擇，鐵定有頭痛或緊繃問題。

　　就氣輪而言，此圖顯示氣糾結於心無法化開，海底輪的深紅也透露出生活上的沉重壓力。喉輪的亮藍大又捲動，可是依此人現在的嚴重失衡能量，實在不太適合隨意表達，沒思慮清楚的多說，將直接重創身心各層面。強烈於心部糾集的能量，恐怕會為綠光人的心肺系統帶來壓力，感到胸悶、氣結，呼吸系統可能會搶先生病。

　　身心靈圖表內的心理綠塊占50，代表思緒活動量頻繁，煩亂的心往往會讓各氣輪呈現紊亂現象。在七輪圖表中所看到的各氣輪能量中，下三輪能量都較開啟，代表此人膠著於世間事的不安之中。能量狀態表中各柱高低不一，顯示身體各部位振動頻率無法整合，略低的靛柱代表喉部以上頭部區域的沉重壓力。左側即將進入的暗濁橙光，代表未來將面臨高度的緊張態勢，對應其頭部的氣場無光，可知其所憂慮的將成為事實。

　　圖中的綠光人主要問題都出在家人身上，有時家人之間的相處是更需要空間，急著想處理反倒不一定能處理得好，加上直言又愛講話的性格，反會壞事。

　　身體注意事項：胸悶、心臟負荷大、常感覺像生病。

　　情緒注意事項：忌口，與其講不如寫下，試著將自己的滿腔委屈用筆寫下，一方面整理自己的情緒，一方面也找個抒發管道。

　　幸運能量：戴個翠玉或捷克隕石，為自己增添主光能量，左手戴個藍寶石擋掉緊張能量可能會帶來的侵擾。

常見紅光人氣場氣輪問題

　　紅光象徵著熱情、活力與旺盛的生命力，這也是紅光人最耀眼的特質。意志力堅強的紅光人，會透過實際行動來展現企圖心，他無畏競爭，競爭正是他表現自己的最佳機會。但毫不顧忌他人的想法及行動，也正是為其帶來無窮後患的主因。注重實際，也會反應在其待人處世及事業上。在重視物質、物慾的狀況下，壓力經常跟著紅光人跑，所以失衡對紅光人而言，反倒像是正常的狀態。

　　在海底輪看到的深紅色，再驗證身心靈圖表中的身體指數

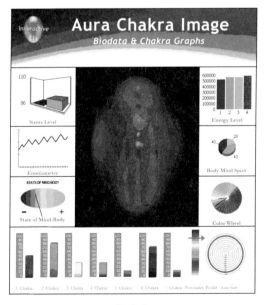

紅光人

40，可知其近來的失眠問題及壓力狀況。臍輪已呈分瓣狀，代表情緒及人際能量的流逝，劇烈卷雲狀象徵變化正急遽產生。在彩光輪中看到輕微的氣場失衡現象，圖中也看得到右側氣場較左側強，代表有較強情緒存在。

　　頭部異常濃亮的紅光，代表不但思慮過多，並且情感有凌越理智的趨勢，也有很多令人煩心的事纏身，難以平靜。腎上腺素的飆高，讓他情緒難以撫平，因為左側氣場已稍補足，不像右側氣場缺口裂痕的明顯，所以這狀況應該會在未來紓緩下來。

　　左側的藍紫色氣場光偏暗，代表精神緊張、難以放鬆或甚至已產生精神方面疾病，最好要從現有的事中退出，重新尋找生活（特別是工作）的重心。

　　右側的淡紫光則顯示過去這段期間的體力疲乏、精神不集中，可能連日常工作都難以處理，該好好休息休息。心部也產生異常的橙黃光，透露深度的恐懼、悲傷，和別人之間的關係也會變得很緊繃，從抗壓指數表及身心狀態表上，都驗證了這些情緒上的極大壓力。

　　對一個臍輪失衡的人而言，高的眉心輪能量並無幫助，反而容易會讓他「直覺」的做出錯誤決定。頂輪略帶粉色，再驗以臍輪的分裂狀，可以知道這位紅光人正陷入情感的分分合合糾葛之中，氣場中的暗藍紫光就是最佳寫照。

　　身體注意事項：血液循環有問題、神經衰弱、頭痛、心臟負荷大。

　　情緒注意事項：不要胡思亂想、處理人際或情感問題要避免過於主觀，口氣不要太衝，才有轉機。

　　幸運能量：藉由紅色寶石來為自己增添能量，但頭部需用青金石（較多）和東陵玉（較少）混合的藍色頭墊來降低緊張較佳。

常見紫光人氣場氣輪問題

　　紫光是女性最鍾愛的色彩首選，紫象徵貴氣、迷人但也難以捉摸。紫光人很容易成為團體中的領導者，他和黃光的風趣、紅光的強勢及靛光的寧靜不同，紫光就是尊貴，一種天生卓越的領導風範。他會有一股莫名的洞見，促使他及跟隨者往特定的方向邁進。敏感、直覺、悲憫及深源於紅光的動能，讓他對未來充滿憧憬。不過，紫光的動能也是深布陷阱的，由彩光極端兩側的紅和藍所混出的紫，原生力中就充滿衝突與相生，當中某股彩光的力量較突出時，就會把他帶向該極端。所

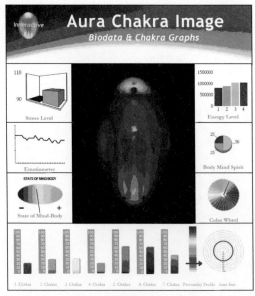

紫光人

以紫光人需要更多的靜心，他必須在兩種力量的混融中找到平衡，靜心正是這股穩定劑。紫光人要的不只是遠見，更需要化繁為簡的洞見，當他認為某件事很好時，他會奮不顧身、誰勸也沒用的往前就衝，但不幸的是，他會在同一時間看到很多事都很不錯，這也做做那也做做的下場是一事無成，哪件事也做不好，徒增挫折。所以紫光人最重要的是，學會冷靜下來，讓靛藍之光榮耀其心，在看清楚真正想做的事後，再以紅光之能向前勇敢前進。

圖中的紫光人氣場小而光度暗，不但在氣場大小圖表中顯示只有4-50的大小，抗壓指數表及身心狀態表也都指出其壓力大、難以放鬆的現況，這其實也顯示其嚴重的無力感。外圍氣場光的暗靛色顯示其陷入情緒上的低落、封閉，雖然頭部氣場依然展露代表治療力的清澈藍光，但整體氣場圖品質仍算不佳，因為除光度問題之外，氣場的破洞、斑點也橫生蔓延。

紫光人的高直覺力，源自於他高度的振動頻率，能量狀態表近於百萬的振動頻率正說明這點。彩光輪中的陰陽指針分的極開，代表他嚴重的氣場失衡狀況，特別是右腦部分。這是一位靈性工作師的氣場，整體氣輪顯示其過度開發上三輪能量而忽略下半部氣輪的結果，氣往上衝卻明顯阻塞住，眉心輪的卷雲狀的深靛色，代表其想運用直覺力的企圖，但恐怕發揮有限，帶來的眉間緊縮壓力感可能會大過靈性直覺。太陽神經叢強烈的光外有光現象，顯示有股深沉的憤怒情緒難以化解，這股力量應該與他的女性友人有關，並衝擊他的信念。

　　身體注意事項：腦神經衰弱、容易疲倦、眼睛乾澀。

　　情緒注意事項：避免胡思亂想、要務實些、鶴立雞群不如走入人群，讓團體的溫暖滋潤人心，也找回信心。

　　幸運能量：對紫色頻率的人而言，舒俱萊石是最佳的穩定石，能幫助靈性已開啟但尚無法自我控制的人穩定氣場。多戴些黃色的水晶能增加理智及祛除憂鬱，特別是眉心輪部位可藉由寶石級黃水晶鎮定過度開發的失衡靈性，也可藉由眉心輪精油帶來心靈上的超脫與平衡。

　　（編按：此部分全身氣場分析為譯者林維洋先生所提供）

以下照片實例皆為近二十年前的氣場照片，其時技術僅能拍攝至上半身，現今的照片已進步至可拍攝全身氣場的照片。

案例 1：瑪莉

照片1-1：這張照片顯示了略帶紅色—黃色的能量場，主要集中在瑪莉的頭部附近。這張照片是在開了七個小時車程之後拍攝的，它指出了一般緊張的狀態，主要可從較暗濁的紅光和黃光看出。在這時，注意力或是知覺，集中在第一和第二個氣輪。瑪莉一直在應付身體和情緒上的現實——開車的壓力。能量場有許多「破洞」和「缺口」，這樣異常的形狀，也表示出不平衡的狀態。

在頂輪那一區，也就是正頭頂上面的那一區，你會看到暗黃色—咖啡色光。許多人在情緒受到壓迫，有沉重、沮喪而不滿的感覺時，甚至頭痛和偏頭痛發作時，都會出現這樣的色彩。在這裡，由於長程駕駛的疲累，讓瑪莉覺得她身體裡的能量流是不平衡的，並導致偏頭痛發作，雙肩也緊繃著，這種緊繃的傾向和肩痛常常能在氣場中看到，在色彩顏色較淡，或氣場並沒有繼續向下往喉部或心部氣輪流動時顯示出來。

照片1-2：是在拍了照片1-1不久之後拍下的。在拍這張照片之前，瑪莉使用了生物能量的精油。根據瑞士科學家微納·克魯伯（Werner Kropp）的說法，這種生物能量精油增加身體和心智上的活力，並啟動身體裡較愉悅的高振動能量。在頭部

和喉部按摩擦拭了精油幾分鐘後，一種強烈的、明亮閃爍的黃色能量出現在受測者的氣場照中。比較照片1-1和1-2可立即看出變化，不管是氣場的色彩或是形狀都更為鮮活而且平衡。

在照片1-2的背景中，主色是一種很強的紅光（生命力），外圍是強烈的金黃色光（愉快的能量）。精油也使用在她的上脊椎處，氣場照顯示出在她肩膀附近不僅能量增大，同時也更平衡了。許多使用精油來平衡氣場的實驗，常會有相同的現象，在用了精油之後，氣場變成了金黃色光，指出生物能量精油明顯地有能力改變能量路徑，而這些改變也都會在氣場中呈現出來。

照片1-3：這張照片是在壓力很大的展覽期間拍下的。瑪莉一整天都忙著說明氣場照並為客戶進行諮詢工作。有趣的是，這張照片和照片1-1有幾分相似。在拍這張照片時，瑪莉感覺到極大的壓力。就像在照片1-1中一樣，這種情況顯示在頂輪的黃色—咖啡色調的光。同時，氣場色彩的散布和形狀是不平衡的。在這張照片中，受測者的直覺高度開發，以紅色並帶有漂亮的粉紅色—淡紫色的光來呈現。尤其是在喉輪附近身體左側的淡紫色，代表了非常活躍的喉嚨中心和具創造力及直覺的溝通。在喉部出現強烈的淡紫色，可能意謂著這些人能很自在且很有創意的表達自己。

和照片1-1中一樣，在頂輪附近的緊張及壓力以暗黃色顯示出來。在這張氣場照中，第一輪和第二輪（肉體、情緒）和第

照片1-1

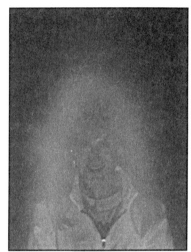

照片1-2

照片1-3

照片1-4

七輪（直覺力）都是很活躍的。專業的諮詢師和治療師，常會提出他們在幾個小時的工作之後感到疲勞。許多治療成功的原因是，因為治療師傾聽病患的問題，並在過程中承受了那位病患的負面能量。由於治療師敞開了他們的心，也因此開放了他們的能量場，常常讓他們在和客戶的會談後，感覺到自己身體上的不舒服。

這種情形會在許多人的日常生活中發生。你與某人談著瑣碎的小事，突然之間覺得疲憊不堪，或覺得身體裡有些新的感覺。照片1-3就顯示了類似的現象。當我們對別人打開了自己的心，你也許就自覺地或更多時候是不自覺地，吸收了那個人不和諧的振動頻率，你會在自己身上感覺到他們的痛苦或情緒問題，敏感的人特別容易有這種情況。雖然治療師為了治療病患，而承擔他們的疼痛或疾病這樣的現象是存在的，但是正統的科學卻無法解釋這種現象。

照片1-4：這張氣場照可以分為兩個部分：上面的部分呈現出藍色—淡紫色—白色的光，下面的部分是帶有淺淺的橙黃色的強烈紅光。在頭部強烈的白光，象徵注意力強烈地導向心智—精神的領域，但這同時也可能意謂了退縮或內向。另一方面，這個人可能只是不想要面對肉體上的現實，而想要逃往夢想或樂趣。我們能從許多人身上觀察到這個現象。拍攝這張照片的時候，受測者感覺到內心非常緊張，不想要跟任何人溝通。雖然在現實中，她必須要在一個忙碌的環境中動作迅速且

開朗的面對許多人。在喉部附近帶有黃色的光，代表了對溝通的封閉和排斥，紅光和橙光則顯示出外在的行動—外向，而這恰好與她沉默及退縮的表現不一致。

照片1-5：這個氣場的色彩和形狀很柔和地流動，沒有任何暗濁的彩光或能量阻塞。這氣場的能量似乎平均地環繞著身體而沒有中斷。紅光和強烈白光的混合，產生了和諧的粉紅—淡紫光。柔和的淡白色—粉紅—紅色光圈緊緊地包圍著全身，象徵了深情的和靈性的天性。這種現象常常會出現在那些正在嘗試擴展知覺技巧和冥想的人身上。這張能量照是在歷時一小時，吠陀（Veda）的梵咒（mantra）、音樂和歌曲洗禮的冥想後拍攝。音樂、視覺化和唱誦出某些像「嗡」這種特定梵音的冥想，目的是要重建整個有機體、平衡身體裡的能量中心，讓靈魂與自我緊密結合。這張照片顯示出這個人散發了無憂無慮、對生活積極的態度、超越了唯物主義，而且從事於有創意的、藝術的，或是治療的活動。

照片1-6：在超自然學（意思是，超出了在一般已知的物理學範圍之外）中有一條定律是這麼說的：「能量隨著意念而行。」潛在的能量總是潛伏著，以一種休息的狀態存在。想法或意念會先在任何物質開始移動或顯現出來之前存在，因此，人類就像自己所想的那樣，他們的想法創造出他們的現實。

在拍這張照片之前，瑪莉說：「好吧，我現在想要在我的

照片 1-5

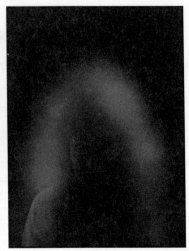

照片 1-6

照片 1-7

照片 2-1

氣場中有藍色的光讓我們看到。」我們必須說，這位受測者對這彩光有著相當的喜愛。她能夠將藍色想像得很好，而且冥想時經常會看到藍色彩光。經過想像之後，藍色真的出現在這張氣場照上了！帶有柔白色的藍色光象徵了更高層的活動，比較屬於精神和創造性的能量中心，也就是說，氣場的形狀是很貼近身體的。氣場顯像攝影，能夠用科技顯示出那些靈視者或特異者早已知道的。想像一下，念力並不是虛構的，而是真實的影響了我們的知覺、心靈，也因此影響了我們的現實生活。

照片1-7：也是在唸了梵咒的冥想後拍攝的。這次，一種冥想的形式顯示出激化體內的太陽神經叢能量。換句話說，也就是我們主要的能量來源，經由太陽神經叢運轉的力量重新分布在我們的身體裡，而且能夠被某些音律和梵咒（具活化特定能量的神聖話語）來活化，這張氣場照很清楚地顯示出這項事實，冥想造成了向外放射的強烈金黃色光。

案例 2：吉米

照片2-1：與其他照片對比之下，這張氣場照顯露出淡紅色而帶有一點點主要集中在頭部附近的淡紫色，並微微地向下流動。紅光向外放射，就像太陽放射它的光芒一樣，這種形狀經常會發生在緊張而焦躁不安的人身上。貼近身體的淡紫色—白色的能量環繞著身體，象徵有較高的振動能量在體內流動，而沒有完全整合。在這張照片上，淡紫色的能量場特別是圍繞

在頂輪和前額的氣輪，意思是有好的直覺，而且是有很強烈的以直覺獲取知識的傾向。

照片2-2：是在接受了「靈氣」的療癒與支持後拍攝的。「靈氣」是一種衍自古老的自癒和放鬆方式來活化生命能量的技巧。這種生命能量是由雙手的姿態和冥想訊息所引出。與前一張照片相較，吉米的整個能量場都更為和諧平衡了。淡紫色—白色這樣的色彩從頭部散布到整個上半身。這個氣場形狀比較靠近身體，顯示了更強的整合和情緒的穩定性。對照白色背景的紅色—淡紫色光，象徵了較高的振動、治療和平衡的能量在體內流動。

照片2-3：與前兩張照片有幾分相似。但是除了紅色—淡紫色光之外，還有黃色的色調圍繞在頭部。在照片1-6上，瑪莉示範了我們的意念在改變和創造我們肉體現實上，扮演著非常重要的角色，一個藍色的氣場會在對於藍色加以想像之後出現。這裡我們所要進行的計畫是證實彩光的冥想。吉米試著在心理上調整自己，想著一株綠色植物。

當一個人在心理上調整他自己跟某物達到共振時，注意力和能量會集中在前額和頭的上半部。閉上眼睛想像，好比說一株植物或一個物體。你能用所謂的「內在的眼睛」或「心眼」看著這個影像。在氣場照上，這會顯現出黃色的能量圍繞著頭部，尤其是前額的高度和頭頂上的頂輪。在這個實驗中，這是

照片 2-2

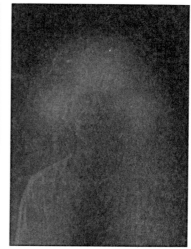

照片 2-3

照片 2-4

照片 2-5

自覺的活化和智力使用的協調性，是一種結合了意念與感覺的
冥想。

　　照片2-4：在這張照片中，就像在吉米大部分的氣場照中
一樣，最強的能量集中在頭部。當一張氣場照顯示出一種高度
明亮的白色時，這個人常常是在身體各部位有問題存在，或者
也有可能是象徵了能量的阻塞。視色彩的位置而定，它也許象
徵了偏頭痛、頭疼、喉嚨或肩膀緊張、呼吸和心臟的問題。在
某些健康可能有問題的地方，通常會在問題區域顯現了高度明
亮的白色。

　　由於緊張和其他的不平衡，吉米覺得他的頭部有壓力已經
有一段時間了，這壓力表現出來的，有時是頭疼，而經常是眼
睛疲勞、前額的緊繃，或者是感覺到不舒服。這些能量的建立
能夠輕易地由它們發白的棕色辨認出來，尤其是在右前額和左
肩的地方。既然黃色是與太陽神經叢相關，在頂輪出現的這個
彩光，就象徵了這個人很努力地堅持著他的自我意識，也許他
試圖以更多的努力和能量來平衡和補救出問題的情況。

　　照片2-5：早晨的一個吻和擁抱能夠照亮氣場。性能量或
拙火（kundalini）是我們身體中非常重要的一種能量，尤其當
一個人在談戀愛、與伴侶很親密，或者有情慾的時候，會被活
化。這能量在氣場中以一種很淡而且很亮的紅光呈現。這個氣
場不是很貼近身體，而是向外遠遠地放射出去，表示了具有在

情感上開放的吸引力，而且準備好要與別人進一步激情的能量、想法和感覺結合。

照片2-6：吉米在頭上戴著一個金字塔，這金字塔上有不同的金屬——鈦和金，結果就有了漂亮的白—淡紫色在金字塔頂端出現。這位受測者戴著這個金字塔大約半個小時左右，覺得有一種清新而且強大的能量在頭部附近。透過這樣的形狀，金字塔有能力集中宇宙能量，並將這些能量傳遞給人們或物件。這裡增大的振動（淡紫色—白色）並不是由心智專注引起的，反而是由應用了金字塔的能量所引起。應用時，金字塔能活化並使體內的能量中心和諧，幫助我們擴展我們的知覺。透過氣場顯像攝影，我們多次重複拍攝下金字塔對人類身體正面的作用。

案例 3：法蘭克

照片3-1：來自瑞士的法蘭克能用肉眼感受到人的能量場，辨認出疾病並用精神治療力量來治療他們。非常強而有力的淡紫色與紅色的組合，象徵了他的通靈能力以及他極為吸引人的個性。淡紫色不僅是在頭部附近，而且也在喉輪和心輪附近。這顯示了他能夠向外具體化他的創造性和治療的能量。腦部的黃—橙色，也許是由於在拍照時精神上的集中注意力而造成的。法蘭克說當他在調整治療能量時，感覺到身體裡有強烈的能量。我們希望拍下在這個過程中氣場改變的照片，所以在

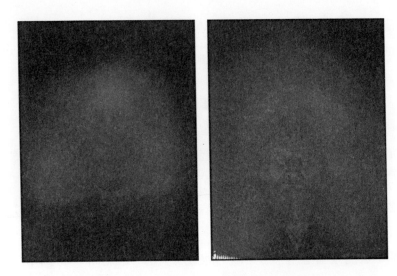

照片 2-6　　　　　　　　　　　　　照片 3-1

照片 3-2　　　　　　　　　　　　　照片 3-3

法蘭克調整而使自己與治療能量和諧時，就拍下了照片3-2。

　　照片3-2：顯示出這位受測者能夠在很短的時間內調整自己，使自己與神賦予的治療能量和諧，並且能夠控制這能量。在頭部附近強烈的白色，顯示出注入了較高的振動能量。這力量在前額部分也是非常強烈的，表示了法蘭克強烈的治療能量。有趣的是，在照片3-1和3-2中的氣場形狀幾乎是相同的。兩張照片都顯示出一種很有力的向外放射的能量場。只有在接近身體的地方放射的強度和質量有變化。照片3-2中，為了讓心智的能量在全身流動，注意力轉移到第六和第七個氣輪。對於大部分的人而言，像這樣強烈的能量在日常生活中是極難控制的。由於能量轉移到比較接近天（較高的能量中心）的方向，所以地（較低的能量中心）就缺乏能量了。這意謂著對外在的影響比較沒有警戒，許多從事於像是冥想或治療這類活動的人都面臨這個問題。

　　照片3-3：這張照片是稍後拍下的。法蘭克說，他才剛結束一場關於信念治療的研討會，而且他感覺到累壞了。他對這張照片的結果並不滿意，但這張照片正恰好確實地反映了他的狀態。帶有暗色調的黃光通常有一個限制作用。氣場很靠近身體，顯示了這位受測者想要退縮了，而且不想再被打擾。這是自我保護的傾向。他想要避免更多的干擾和有傷害的影響。這三張照片很清楚的顯示出，當一個人在面臨心智及心理能量和

現實時，會很強烈地反抗負面的影響。

案例4：實拉

科學家微納・克魯伯從事不同項目的生物能量研究上，尤其是物理學和醫學。朋友建議他注意氣場顯像攝影，而且我們在克魯伯的實驗室裡，用一系列的實驗來測試生物能量的精油。在這裡，我們用氣場攝錄儀評估這些產品的效果。

照片4-1：這張照片顯示了一個在前額帶有淡黃色色調的紅色—淡紫色的能量場。淡紫色表明了強烈的重視靈魂和直覺力的性格傾向。黃色代表了敏銳的智力和將直覺想法付諸於行動的能力。很多時候，對於許多傑出的發明家和天才最大的問題之一，就是沒辦法將可能會震驚全世界的想法，轉換為具體的行動。敏銳的直覺和分析的能力，這兩種特質都能在這張氣場照中看到，有一種能將它超乎尋常而且原創的天分發表到世界上的性格。

照片4-2：在用了一瓶通常給病得很嚴重的人用的精油幾分鐘之後，氣場色彩變成了帶有亮橙色調的強烈紅光。能量場的形狀和照片4-1差不多一樣。一般來說，這瓶精油是用來活化一個人最後的生存力量，它會啟動自癒力，並造成身體的再生，這張氣場照說明了這一點。紅色與第一個氣輪有關，象徵延續生命所必須的東西。紅色為較暗的色調，象徵肉體上很大

照片 4-1　　　　　　　　　　照片 4-2

的力量和能量。這裡沒有比較高的色彩或靈魂上的振動被凸顯
出來，而單純是這個人的肉體力量和能量被明顯的展現。

　　照片4-3：強烈的黃色能量在這張照片中，指出了太陽神
經叢的活躍。這個氣輪掌控的是我們的個性，及正面和負面的
自我意識。當我們用所有的努力來爭取一個目標時，太陽神經
叢就會特別活躍。在這張氣場照中，克魯伯先生集中注意在他
個人的目標和科學計畫上，結果強烈的黃光出現在氣場中。有
趣的是，拍照的人被要求集中注意力和專注於腦力的時候，也
能夠達到類似的結果。

　　照片4-4：顯示出這位受測者在經過短暫的雷射針灸之後

的樣子。一種特製、功率特殊的雷射，以向量場加強，照射在左邊的耳垂幾分鐘，非常強烈的白色清楚的顯示了一個增加的能量流，對我們來說，強烈的白色並不使我們感到意外，因為結合了向量場的雷射代表了一個能量來源，這來源是以較高的振動頻率所供給，這張照片顯示出比這位受測者其他稍早的照片更亮的色調。

照片4-5：在使用了生物能量產品和技術之後，我們所拍的許多照片中，下面這一張是很有趣的氣場照。克魯伯先生的照片4-5，再次有了有力的背景光—紅光。喉部和心部都出現了亮的藍—白光，而頂輪是明亮的白色球體。球形是象徵了頂輪更加活躍，對更高階、更屬於靈魂的能量和知覺層次敞開這張氣場照是在這位受測者冥想加百利天使之後拍下的，左手放在一張繪有天使的畫上。照片顯示出這位受測者是個感應力很強的媒介，由於他集中精神在加百利天使上只有幾分鐘而已，所以整個身體並沒有被白色的光圍繞著，如果想要更深的接觸，通常是必須要有更多的休息和冥想。

案例 5：麥克

這也是使用了生物能量產品並記錄在氣場照上的例子。

照片5-1：柔和的綠光圍繞著受測者的身體，而且這綠光是被黃色加強了，主要在頂輪的位置，還有一個缺口，但是這裡被亮紅光填補起來，這象徵的是聰明的能量，以及她是一位

照片 4-3

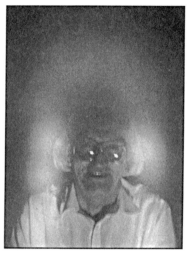

照片 4-4

照片 4-5

照片 5-1 照片 5-2

理性思考的人。紅與綠色的組合，象徵的是與大地和現實物質
有很好的連結。在頂輪的黃—綠色象徵了與外在世界有著知覺
上的牽連，這樣的形式顯示了這個人正在經歷著生命中重大的
變化，這個人集中的氣場形狀，在身體周圍平均分布，表示她
對別人有著放鬆與安定的影響力。

　　照片5-2：與前一張氣場照有些微的不同。這裡的氣場形
狀更平均地平衡，在腦部的縫隙不見了，而且堆積在頂輪的能
量有些散開。這張照片是在用了精油滴劑和化妝品幾分鐘之後
拍的。我們可以說，氣場中的變化的確是會在短暫的時間後出
現。敏感的人曾經一再地提出，目睹了能量流的這些變化，這
些所謂的主觀觀察是真實的存在現象，開始由科學來證實，而

我們也希望在未來幾年中能有更大規模的研究。

案例 6：凱莉

照片6-1：我認為在我們的檔案照片中，這是最漂亮的照片之一。孩童們當然也能夠用氣場攝錄儀來拍照，大部分孩子的氣場照會呈現出許多成人所失去的天真與單純。孩子們以不同的眼光來體驗周遭的環境，他們通常會看到成人不再看得到的東西。因此，成人常常會很難理解小孩的世界。

這張氣場照分為兩個部分：漂亮的略帶藍色的白光與「天」對應，而有力的紅光則與「地」有關。我們可以說這個孩子是活在肉體活動的世界中，而靈魂卻是屬於一個不同的世界。

案例7：露比

照片7-1：顯示出受測者在服用了不同的巴哈花精處方（Bach Flower Remedies）之後的反應。在頭部的上半部，有著強烈的黃─橙光，而在頭部的下半部和肩膀區域則是出現淡淡的藍─白光。身體的活動向上轉移，在第六和第七氣輪的黃─橙光，顯示出這個人正在逐漸意識到心理和知性的狀況，在頂輪的黃光，象徵著這個人非常注重自我成長。

照片7-2：綠色是溝通色，也是自我表達和一種開放的色彩。這張氣場照是在一場研討會進行的時候拍攝的。她準備好了要參與其中，一個綠色的氣場平均地圍繞著身體散發出來，

照片 6-1

照片 7-1

照片 7-2

照片 7-3

象徵了身、心、靈有很好的連結。她有很堅固的基礎，並對別人打開了她的心。但在同時，她也很容易接收精神上的刺激。柔和但又是很有力的綠色，伴隨著綠松石藍緊靠著身體，象徵的是一種滲透性的治療能量。一張綠—藍光的氣場照代表著心輪和喉輪都打開了，而且願意去愛、溝通、耐心地聆聽，並與別人有關連。

照片7-3：你可以試試看來解讀這張照片！在本書中對於色彩的解釋與說明會對你有所幫助，但有時你還是要試著用自己的感覺和直覺來檢視氣場照；什麼氣場的形狀是緊緊地靠著身體？為什麼氣場主要集中在頭部的上半部？現在你真的該停止閱讀，並且來檢視這張照片了！

案例 8

照片8-1：這裡是一張在展覽時，施行整體醫學治療後的圖。客戶躺下來接受治療，拍下他在治療前和治療後的氣場照如照片8-2和8-3。

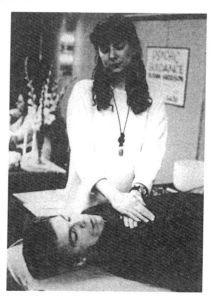

照片8-1：氣場顯像技術和氣場攝錄儀系統，能夠

用來說明特殊療法技術的效果。如果想要最好的效果,在客戶一走進你的辦公室時,和結束治療療程後,立即拍下他們的氣場照。仔細注意那些色彩上的小差別。氣場光朝淡紫色這樣的方向的改變,象徵了成功的療程和正面的治療反應。

照片8-2:這張氣場照是在照片8-1的療程開始前拍下的。深暗的、幾近於靛藍色意謂勞累甚至是精疲力竭。由於圍繞在整個頭部的色彩是晦暗而平均的,顯示他也許正在經歷著某種情緒上的困擾。向外飛濺的暗紅色,象徵他最近極度沮喪。如果在氣場中有大量的暗藍色混合了暗紅色斑點,經常是意謂著這個人情感枯竭,而且也因為感覺氣憤和失望,造成肉體上的虛弱。照片8-3是治療之後拍攝的,有顯著效果呈現。

照片 8-2治療之前　　　　　　　照片 8-3治療之後

如何解讀一張氣場照片？

為了易於解讀，一張氣場照可以分為三個不同的詮釋部位：氣場照的右側、左側和頭部上方。右邊代表了一股雄性、外向或陽性的能量，顯示一個人所想表達出來的，或他日常生活中展現在別人面前的個性。同時，右邊氣場的品質也描述了此人最近剛發生過的事情。

另一方面，左邊象徵著雌性、陰性的能量，那是一個人正在吸引著什麼，或是有什麼事情正要進入他的生活中。左邊也代表了即將來到的未來，從最快的幾小時甚至是幾個月後。

在頭部上方那一塊的氣場色彩，代表了此人現在的思考狀態。如果在氣場的頂端有著不同的色彩帶，這色彩可能象徵了那個人的抱負、目標或最深的願望。

舉例來說，如果在一個人的氣場照右邊，有一大塊紅色的區域，最有可能的是代表了這個人正在表達他充沛的活力，在日常生活中極端地活躍和情感外放，而且也可能經歷著忙碌和充滿挑戰的一個星期。如果有暗藍色的點在頭部正上方，你也許很可能會說，那個人目前需要休息、放鬆，或如果那區域的顏色非常濃暗，那有可能意謂著他是非常疲累、傷心，或許很灰心。如果有綠色在左邊，你也許會解釋成那個人希望在不遠的將來，生活中有一段平靜和治療的時間，也許是度個假，或者是想要在忙亂的行程中有讓人能夠放鬆的變化。

明亮、生動和向外散發的色彩，一般顯示的是健康、幸福

和快樂。逐漸變暗和不鮮艷的色彩，則指向了敏感和一種比較內向的天性。混濁和暗沉的色彩，通常是揭示了悲傷、情緒的低落或健康問題。

氣場的形狀也是有意義，可以解讀的，如果氣場在頭部附近是看起來很明亮而且向外延伸得很遠，一般而言，這個人也許是感到開心、樂觀，對自己及生活都有很好的感覺。一個在頭部附近看起來很小且沒有向外散發得很遠的氣場，也許意謂著這個人是不快樂、害怕、無精打采、生病了或者是不愛說話的。如果氣場的形狀在每一邊看起來都很平均，就指向了一個很平衡或很一致的個性。氣場如果出現縫隙或黑洞，通常象徵著損失，或有意要放棄生命中重大的事情或人。

從頭部突出的不平均線條顯示了緊張。有時會出現一條線，從照片頂端往頭中心，通常表示通靈的能力。偶爾會有泡泡、軌道、星星、臉，和其他許多有趣的符號神奇的出現，天知道它們是從哪兒冒出來的?!

要成功地解讀氣場照，一定要知道的是先了解所有不同的色彩和形狀所代表的意思，然後檢視那個色彩出現的位置，並記住那個位置又代表了什麼，再注意一般的形狀。記著，暖色，也就是紅色、黃色和橙色，顯示的是外向、表達、實際和生命力，而像藍色和綠色這樣比較偏寒性的色彩，顯示的是比較敏感、平靜，以及比較內向和直覺的天性。淡紫色和白色代表了生動的想像力、魅力，和對生命傾向於靈性的追求。

看見那變幻的氣場彩光

你找到自己的氣場彩光了嗎？還是你看見自己呈現出多種氣場彩光？然後，下一步是看看你自己現在的能量狀態——你將看到自己動態的氣場。

你能透過人體氣場攝錄儀來體驗看看氣場控制訓練。藉由測量和監控你真實的身心和能量，可有效反饋給你並帶你探索自己的未來。它同時讓你看到更多關於你主要人格彩光的部份。你是活生生的光和能，你也能活出彩虹光中每道彩光的能量。

現在，該是透過人體氣場攝錄儀來看看你個人氣場彩光的時刻了。請試著想像下列情境：你坐在電腦或電視螢幕前，把手放上偵測儀上，不可思議的，你的振動頻率、豐富多彩的氣場光在螢幕上顯現。你在螢幕上看見自己的臉、自己的身體和自己的氣場彩光，你會帶著驚訝的心，看著自己多麼美麗和有力的彩光能量。

光看著氣場彩光的脈動及振動，你就會深刻地知道它遠超過你的想像。你將看到自己的氣場彩光，會動態即時的根據當下的情感、精神或能量而改變。

僅單純想藉由在電腦或電視螢幕所呈現動態彩光的解釋，就想了解實際所出現這些彩光的背後意義是不可能的。唯有謀求自己，你才能真正體會。

想像一下自己和自己的氣場輻射散發出美麗、驚艷的色

彩，而這一切都呈現在你面前的電腦或電視螢幕上。過去幾十年來，沒有人會相信有這項創新，但現在已成為事實。透過人體氣場攝錄儀系統，你能親眼看到自己的氣場，氣場任何的變動及改變，在幾乎同一時間立即就呈現出來，你所見到的一切，跟具有靈視能力的人所看見的幾乎一樣，還更容易。

　　人體氣場攝錄儀動態即時量測並顯現出你的能量，科技結合生物反饋回饋、色彩心理學和能量醫學，這是一項強而有力的工具，能教育並啟發你我。

POWER AVS人體氣場攝錄儀專業培訓課程

Power AVS授證專業氣場分析師證書課程 受訓結業後，可參與彩光會館創業計畫及本公司各項行銷活動	
001	科技氣場研究歷史導論
002	基礎人體氣場及氣輪概論
003	Power AVS研發歷程
004	生物反饋醫學及應用科技
005	能量醫學及治療導論
006	色彩心理學導論
007	Power AVS人性化操作界面及操作應用技巧
008	Power AVS氣場分析師專業判讀引導
009	氣場（Aura）圖像解析及氣場判讀
010	氣輪（Chakra）圖像解析及氣輪判讀

【彩光引導七項修練】

透過專業心靈修練課程，再搭配人體氣場攝錄儀時時輝映觀照，讓您成為自在變化氣場的彩光大師！

【Mini-Colors Therapy】氣輪陣自覺療法

【Mini-Colors Therapy】氣輪陣自覺療法是透過擺「陣」的型態，將原本看不見、摸不透的氣輪，以具相的方式藉 1-2-3 法則重新調整後呈現出來，再進而藉此具有啟發意義的陣列型態，反饋調整自身內在的氣輪，從而解開深層糾結在氣輪的纏縛，開展氣輪全然的能量。這項極具威力的教授，將同時搭配水晶 寶石排陣教學進行，您將同時獲得頂尖的水晶相關知識。

Mini-Colors Therapy 氣輪陣自覺療法課程	
001	水晶寶石基礎課程
002	1-2-3法則及水晶寶石擺陣教學
003	

【彩光會館】美麗真女人創業計畫

提供以POWER AVS為基礎所設立的專業氣場氣輪能量療癒中心，您可選擇【個人工作室型】或【專業SPA型】成為您邁向與光共舞的療癒之道。詳情請洽本公司！

諮詢可上網登錄 www.aura.net.tw

POWER AVS 人體氣場攝錄儀

【POWER AVS】人體氣場攝錄儀結合全球科學家、醫師、能量治療師、靈視者等多方領域的先進智識創作而成，迄今已超過30年研發歷史，擁有全球13種語言版本，使用者分布歐、亞、美數十國家，各行各業上萬營業據點採用，其中包含醫界、學界、能量治療、水晶寶石、音樂、芳療、SPA、零售店面、專業諮商師、個人工作室等，是無數國際專業人士共同推薦的最佳能量檢測儀器！

產品特色：

功能強大・操作容易・邊拍邊看・攜帶方便

POWER AVS人體氣場攝錄儀數位多媒體功能，不但擁有六大超強功能，能讓您及客戶邊拍邊看螢幕上不可思議的動態氣場及氣輪變化，在儀器操作上也十分簡易方便！整組儀器輕便小巧，可讓您隨身攜帶至任何地方展示應用，滿足您的多元商務需求！當然，氣場儀也能幫您驗證產品能量功效，「讓客戶親眼看到」將比您的千言萬語更加有效！

標準版

Power AVS 中文完整版安裝光碟
Bio-Sensor 生物反饋偵測儀
專用氣場相機等周邊產品
ASUS 華碩筆記型電腦
氣場氣輪完整授證教育訓練

精簡版

Power AVS 中文完整版安裝光碟
Bio-Sensor 生物反饋偵測儀
專用氣場相機等周邊產品
氣場氣輪完整授證教育訓練

購買請洽

【POWER AVS】人體氣場攝錄儀 總代理

遠音聯合業務股份有限公司

100台灣台北市中正區衡陽路七號8樓 Tel:02-23700303
官方網站www.aura.net.tw　　colorslwy@yahoo.com.tw
客服郵箱：service@aura.net.tw

掌握身心靈發展的脈動
體驗身體的智慧與活力

花草能量芳香療法—Aromatherapy For Healing the Spirit
——融合陰陽五行發揮精油情緒調理的功效
作者/蓋布利爾‧莫傑(Gabriel Mojay)　定價320元

作者是資深的芳香療法、指壓、針灸和醫療草藥學的治療師，將東方醫學的傳統智慧應用到現代芳香療法中，從陰陽五行及熱、冷、乾、濕等能量特質的角度，深入探討四十種芳香植物以及對應的心理與情緒問題。

芳療專家溫佑君　推薦

五大元素療癒瑜伽—Healing Yoga
作者/Swami Ambikananda Saraswati　定價380元

古代的瑜伽行者指出，肉身是修練的工具，也是解脫的工具。本書作者是位修行的僧侶，教導瑜伽與印度吠陀哲學已逾二十五年，在書中闡述「五大元素瑜伽」體位法教學，針對影響生命的五大元素：空、氣、水、火、地，提出合適的瑜伽體位練習，讓我們藉由瑜伽的動作與哲學，將所有元素融入個體意識中，整合身與心。

水晶身心靈療方—Heal Yourself with Crystals
作者/海瑟‧芮芳(Hazel Raven)　定價360元

水晶具有高頻的能量，是大自然賜與我們的寶藏。每一種水晶具有特殊的振波，可以化解脈輪裡不同的情緒及能量阻礙。本書針對八十種常見的身心靈不適狀態，提供運用水晶礦石進行深度的身體、情緒與靈性上的療癒方法。

圖解按摩手法—Massage
——體驗雙手探索身體的樂趣
作者/伯尼‧羅溫(Bernie Rowen)　定價250元

按摩是人與人之間最親密、直接的碰觸，從按摩的歷史、身體肌肉解剖學、身心情緒調理，再進入到每一個身體部位的按摩手法操作，簡單又實用。

圖解同類療法—Homeopathy for Common Ailments
——37種常見病痛的處方及藥物寶典
作者/羅賓‧海菲德(Robin Hayfield)　定價250元

同類療法運用自然界的相似法則，是重視整體性的療法。本書介紹了同類療法中深具療效的植物與礦物，並針對常見的37種病痛，給與舒緩的良方。

雙人親密瑜伽——用身體來溝通、分享愛和喜悅
作者/米夏巴耶(Mishabae)　定價300元

用心靈之眼體驗愛，用身體感受浪漫和諧！作者以傳統的哈達瑜伽為基礎，並配合泰式、日式按摩和瑜伽治療技巧，邀請你來體驗雙人瑜伽！本書可提供你逐步的指導，讓你身心平衡，幸福又健康！

放鬆・呼吸・在當下

附贈引導式自療冥想CD

逆轉癌症—恢復生命力的九大自療療程
作者／席瓦妮・谷曼博士 定價250元

谷曼博士教你如何逆轉阻礙你和你的人生的有害思考模式，以便享有精神煥發的健康，且有愛和幸福的感受。將自我療癒的所有祕密都攤在陽光下，可治療從癌症至心臟病、從情緒創傷至精神壓力等疾病。

巴哈花療法，心靈的解藥—38種平衡情緒的巴哈花精處方
作者／大衛・威奈爾 定價250元

巴哈花療法萃取自花的成分與振動頻率，是針對38種情緒失調的治療處方，本書詳細說明巴哈醫師發現花精的源頭及使用方式，結合冥想的運用，對情緒面的平衡有很大助益。

男女大不同：身心健康對策
—如何讓火星男人與金星女人活力煥發、甜蜜持久
作者／約翰・葛瑞 定價320元

你的飲食與運動習慣如何影響你的心情與兩性關係？約翰・葛瑞深入探究男女有別的飲食和運動法則，協助你進行一場體內荷爾蒙的健康革命，讓你擁有身心靈的健康與和諧。

解除疼痛—疼痛的自救處理方式
作者／克利斯・威爾斯醫師＆葛瑞姆・諾恩 定價260元

作者是疼痛緩解專家，探討疼痛機制、治療方式利弊，並提出飲食運動、放鬆技巧、潛意識控制疼痛及另類療法等自救計畫。

雨林藥草居家療方
作者／蘿西塔・阿維戈＆納丁・愛普斯汀 定價280元

本書包括了藥草茶、藥草浴、按摩及天然植物取代化學藥劑的製作方法。讀者可自行運用藥草療方，處理日常生活中的不適與症狀。

印加能量療法—一位人類學家的巫士學習之旅
作者／阿貝托・維洛多博士 定價280元

作者是人類學與心理學博士，為了探究古老的醫療智慧而深入亞馬遜河、祕魯等南美蠻荒之地，學習印加能量療術長達二十年，整理出清楚易懂的能量治療精華，讓讀者了解能量與疾病的關連，學習如何消除負面的銘印，讓能量更趨平衡。

印加靈魂復元療法—跨越時間之河修復生命、改造未來
作者／阿貝托・維洛多博士 定價280元

作者集結二十五年療癒智慧的結晶，藉由引導式冥想和獨特的呼吸練習，帶領你改變意識狀態，去修復過去儲存在脈輪裡的原始創傷，並找出潛藏的恩典與寶藏。透過命運追蹤的技巧，你可以迎回屬於你的創造力與生命力，活出生命最大的意義與熱情。

迎接愛‧喜悅‧豐盛

愛與生存的勇氣—自我關係療法的詮釋與運用
作者＝史蒂芬‧吉利根博士（Stephen Gilligan） 定價320元
這是一本有關如何使用心理治療技法去培養愛的勇氣與自由的書，它將愛視為一種成長與突破的量，幫助你走向自我發現與整合之旅。

創造金錢／歐林系列繼《喜悅之道》後最新力作
—運用磁力彰顯財富的技巧（上冊）
—協助你開創人生志業的訣竅（下冊）
作者＝珊娜雅‧羅曼&杜安‧派克 每冊定價200元
高靈歐林將創造財富與豐盛的靈性法則告訴世人，你將可以運用磁力術吸引喜愛的人事物，並找出彰顯成功富裕的關鍵。

通靈工作坊—綻放你的直覺力與靈性潛能
作者／金‧雀絲妮 定價280元
這是一本引導你通往靈性道路的指導手冊，深具啟發性的案例及實際的應用技巧，讓你重新與內在的靈性直覺連結，信任自己內在的聲音。

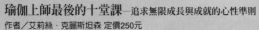

瑜伽上師最後的十堂課—追求無限成長與成就的心性準則
作者／艾莉絲‧克麗斯坦森 定價250元
作者讓我們知道如何在日常生活中活用瑜伽智慧，專注並覺知到自己真正的人生渴望，進而掌握靈性本質的力量，獲得內心的平靜自信。

水晶光能啟蒙—礦石是你蛻變與轉化的資產
作者／卡崔娜‧拉斐爾 定價250元
本書涵蓋了星座、脈輪、色彩與水晶礦石的對應關係，指引你如何在日常生活中，為內在成長、治療與平衡的目的來使用水晶與礦石。

古埃及神圖塔羅牌
作者／白中道博士 （書＋塔羅牌＋神圖棋盤海報） 特價780元
哈佛大學的白中道博士，將畢生研究塔羅牌與古埃及神祕學的知識熔於一爐，獨創出一套充滿埃及神祇與護身符力量的塔羅牌，並親自解碼，整理出失傳數千年的古埃及神圖板棋盤遊戲，精美典雅，值得典藏。

玩出塔羅趣味
作者／M. J. 阿芭迪 定價280元 （雙色印刷）
你正面臨愛情、學業、人際關係、工作選擇的難題嗎？來玩塔羅牌占卜吧，相信可以讓你更清楚問題的癥結，培養直覺及洞察力，更了解自己與別人，並能掌握自己的命運。
本書融合了占星、數字與塔羅的關連，詳解78張塔羅牌，另對青少年會面臨的各種狀況解釋牌義，提供數種輕鬆的玩牌、解讀方法及塔羅小祕訣，讓你輕鬆上手玩塔羅。

二十世紀解放人們心靈桎梏的靈性師父

奧修OSHO

印度，我的愛—靈性之旅
定價320元

這不是一本關於印度的旅遊書，而是一本能帶著你的心靈遨遊印度的人文好書。奧修說：「凡是往內追尋的人，就是印度之子。」印度已成了內在之旅的象徵，請允許真實的印度與你接觸。

彩色印刷，隨書附贈紀錄片VCD〈寧靜乍現〉

熱情—真理、神性、美的探尋
定價280元

人們內心總有成千上百的疑問，但奧修表示所有的問題都是一個問題，也只有一個解答，就是去找到你生命中的真理、神性與美，活出你的光與熱。

女性意識—女性特質的慶祝與提醒
定價220元　（雙色印刷）賴佩霞、王靜蓉推薦

男人與女人皆有女性特質，包括了直覺、敏感性、愛、耐心、感激、信任以及尊敬生命等，對於創造平衡與和諧世界具有關鍵的重要性。如果你可以找到開啟女性奧祕之門的鑰匙，就已經打開了存在之門。

奧修談禪師：馬祖道一—空無之鏡
定價280元

馬祖道一是六祖慧能之後最重要的禪宗人物，有名的磨瓦成鏡故事，讓人警覺修行要用對方法。奧修以其獨特的銳利與機智，帶領讀者體會禪的直指人心與在。

奧修談禪師：南泉普願—靈性的轉折
定價280元

南泉是禪師馬祖道一最重要的弟子之一，他彰顯了「凡聖本一家」的門徑，強調物質與精神本是一體。他為禪門開啟了更寬廣的多樣性，帶來更豐富的面向。

奧修談禪師：趙州從諗—以獅吼喚醒你的自性
定價250元

趙州禪師常以「喫茶去」接引求道者。奧修以同樣身為師父的境界，呼吸著禪的精髓、棒喝，或是請你喝杯茶。奧修與趙州齊聲說：「醒醒！認清你的自性。」

奧修談禪師：臨濟義玄—超脫理性的師父
定價250元

臨濟禪師常以大喝接引學人，以創造性的寧靜使人們轉向內在，那是將你從周圍拋回核心的法門。在本書中，臨濟以其不合理性的大喝打破盲目求道者知識導向的頭腦，使之回歸於中心。

心靈成長系列 97

人體氣場彩光學

原著書名╱Aura Imaging Photography & Magical Auras
作　　者╱喬漢納‧費斯林傑（Johannes Fisslinger）
　　　　╱貝緹娜‧費斯林傑（Bettina Bernoth-Fisslinger）
譯　　者╱林維洋、黃敏玲、劉心怡、林維仁等人
執行編輯╱郎秀慧
總 編 輯╱黃寶敏
行銷經理╱陳伯文
發 行 人╱許宜銘
出版發行╱生命潛能文化事業有限公司
聯絡地址╱台北市信義區(110)和平東路三段509巷7弄3號1樓
聯絡電話╱(02)2378-3399
傳　　真╱(02)2378-0011
網　　址╱http://www.tgblife.com
E-mail╱tgblife@ms27.hinet.net
郵政劃撥╱17073315（戶名：生命潛能文化事業有限公司）
郵購九折，郵資單本50元、2-9本80元、10本以上免郵資

總 經 銷╱吳氏圖書有限公司‧電話╱(02)3234-0036
內文排版╱普林特斯資訊有限公司‧電話╱(02)8226-9696
印　　刷╱承峰美術印刷‧電話╱(02)2225-7055

2007年3月初版
定價：250元
ISBN: 978-986-7349-41-5

國家圖書館出版品預行編目資料

人體氣場彩光學╱喬漢納‧費斯林傑（Johannes
　Fisslinger），貝緹娜‧費斯林傑（Bettina
　Bernoth-Fisslinger）著；　林維洋、黃敏玲、劉
　心怡、林維仁譯. -- 初版. --臺北市：生命潛能文化，
　2007〔民96〕
　　面；　　公分. --（心靈成長系列；97）
　譯自：Aura Imaging Photography& Magical Auras
　ISBN 978-986-7349-41-5（平裝）

　1. 超物理學　2. 能量　3. 彩光人格

330　　　　　　　　　　　　　　　　95025245

書中自有黃金屋，不必等樂透

　　凡購買本書的讀者皆可參與抽獎活動，請撕下此頁，折疊封口後寄回生命潛能出版社，活動截止日為2007年6月30日，祝您幸運中獎！

抽獎時間：2007年7月5日，得獎名單於7月10日公布於生命潛能網站
　　　　　上。網址為：www.tgblife.com.tw
頭獎：泰國免費八日遊（詳情見下方）／三名
二獎：整年度免費氣場拍攝／五名
三獎：2000元生命潛能圖書禮券／五名

魅力泰國歡樂八日遊

1. 得獎內容為機票、吃、住、玩、門票、免費招待。價值13900元
2. 獎項內容不含稅金、兵災、燃油費、保險、小費、護照、簽證（中獎者須自理）。
3. 本人不去，限轉父母、子女、不得轉換他人及其他商品。
4. 其他事宜依中獎通知單憑證內容説明為依據。
5. 自行中正機場集合。

※閣下如因時間關係欲改六日遊，預約訂位時請先告知以便安排，但團費差價恕不退還，有關六日遊之行程，請上旅行社網站了解（www.fashionboat.com.tw）。

　　參加者需填寫清楚姓名、通訊地址、聯絡電話(手機)、身分證字號。抽獎券填寫資料不齊全者視同無效。

姓名：_____

詳細通訊地址：_____

聯絡電話／手機：_____

身分證字號：_____

E-mail：_____

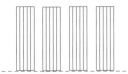
※魅力泰國歡樂八日遊※

行程內容
第1天 台北一曼谷
第2天 曼谷一蠟像博物館一佛統大塔一桂河
第3天 桂河一桂河大橋一曼谷一五世皇柚木行宮一馬車博物館一人妖秀一曼谷
第4天 曼谷一水上人家一珠寶展覽中心一龍虎園一芭達雅一泰式按摩
第5天 芭達雅一格蘭島一快艇來回一水上活動 (贈送三項)一芭達雅
第6天 芭達雅一東芭民俗樂園一七珍佛三一淡浮院一芭達雅
第7天 芭達雅一曼谷一賽福瑞海洋世界+野生動物園一夜遊湄南河公主號新船
第8天 曼谷一台北

● 以上行程安排，如遇交通航班、氣候……等狀況，有變化時，以當時狀況
　做調整安排。
● 住宿安排以兩人一房為標準，如一人參加，住宿排房為單人一房時，需加
　費用，7晚共NT$4,900元。
● 出發日期：每週二、日出發 (需隨團來回) 如有變動，以訂位時告知為準。

國佳旅行社股份有限公司提供
活動連絡人：翟峰豪 02-25181838
地址：臺北市中山區長春路１７２號８樓之1
統一編號：27339820

讓生命潛能 帶你探索心靈世界的真、善、美
Life Potential Publishing Co., Ltd